社会人になったらすぐに読む文章術の本

文道　藤吉豊・小川真理子

KADOKAWA

ビジネスでは、速く、わかりやすく、正確に書く力が求められている

　ビジネスシーンでは、社内外に向けて、多くの情報を文章（文）によって発信しています。

　ビジネスメール、企画書、報告書（日報）、稟議書（会社の承認を得る書類）、プレゼンテーション資料など、社会人になると、

「文章（文）で報告・連絡・相談をする」

「文章（文）で記録に残す」

「文章（文）で提案する」

　など、「書いて仕事をする」機会が増えはじめます。

※本書では、ビジネスメール、企画書、報告書（日報）、稟議書、
　プレゼンテーション資料など、ビジネスの現場で日常的に書く
　文章を総称して「ビジネス文書」と呼びます。

- 文／句点「。」（マル）で区切られたもの。
- 文章／文が２つ以上連なったもの。

　とくにコロナ禍以降、リモートワーク（在宅勤務など、オフィス以外の場所で仕事をすること）の広がりによって、文章を介したコミュニケーションの必要性が高まっています。

　ビジネスにおいて重要なのは、

「自分の意見を的確に相手に伝えること」

　です。そのためにも、「自分が伝えたい情報」や「相手が求めている情報」を速く、わかりやすく、正確に書くための文章力が求められています。

　文章力が乏（とぼ）しいと、

- 仕事の遅延につながる
- 情報が正確に伝わらず、トラブルや混乱の原因になる
- 礼儀を欠いて不快感を与える
- 「仕事ができない人」とみなされる

　といった理由から、相手（お客様、取引先、上司）の信頼を失うことになりかねません。

文章術を身につけたほうがいい理由

　社会人にとって文章術は、「すぐに」「できるだけ早く」身につけたほうがいいスキルです。「すぐに身につけたほうがいい」理由は、おもに次の「4つ」です。

文章術をすぐに身につけたほうがいい理由

①文章力は「ポータブルスキル」だから。

②「コミュニケーションコスト」を低くできるから。

③コミュニケーション手段の第1位は「メール」だから。

④「言葉づかい」が自分（会社）のイメージを決めるから。

①文章力は「ポータブルスキル」だから

　文章力は、「ポータブルスキル」のひとつといわれています。

◉ポータブルスキル……直訳すると、「持ち運びできるスキル（portable skill）」。特定の業種・職種にとらわれず、どの仕事でも活用できる。

　ポータブルスキルとは、ようするに、

「どんな仕事をしていても、どこで働いていても、必要になるスキル」

「Aという仕事から、Bという仕事に移ったときでも、ムダにならないスキル」

　のことです。

　ひと言でいえばビジネスの土台・基礎です。

　文章力のほか、論理的思考力、課題解決力、企画力、計画立案力、分析力、コミュニケーション力、リーダーシップ力などがポータブルスキルに当たります。

　中でも文章力は、お客様に、取引先に、上司に、同僚に、正しく物事（情報）を伝えるために不可欠な能力です。

　時代や環境の変化に左右されにくく、いつ、どこで、どのような仕事をしていても確実に役立ちます。

②「コミュニケーションコスト」を低くできるから

　文章力は、「コミュニケーションコスト」に関わっています。

　文章を速く、わかりやすく、正確に書くことができると、コミュニケーションコストが低くなります。

●コミュニケーションコスト……「情報伝達にかかる時間や手間」
や、「意思疎通に要する時間」のこと。

コミュニケーションコストが高い状態

情報のやりとりが遅い（何度もやりとりを繰り返す）。

情報が正確に伝わらない。

情報共有不足が原因でミスが起こる。

コミュニケーションコストが低い状態

早く、正確に情報のやりとりができる。

報告、連絡、相談がスムーズになる。

情報共有が進むため、組織がブレない。ミスがなくなる。

業務の連携が取りやすくなる。

相手（読み手）にストレスを与えない。

　文章力が身につくと、「情報が正しく伝わらない」「伝えた内容
を理解してもらえない」といった齟齬（そご）が減るため、仕事が円滑に
進むようになります。

③コミュニケーション手段の第1位は「メール」だから

　一般社団法人日本ビジネスメール協会は、仕事におけるメール
の利用状況と実態を調査した「ビジネスメール実態調査2022」を
発表しています。

　日本ビジネスメール協会の調査の結果、「仕事で使っているおも
なコミュニケーション手段」の第1位は「メール」（98.69％）で
あり、「自分のメールで不安に抱くことは何か」という質問に対し

ては、「正しく伝わるか」（74.34％）が第１位で、「内容は適切か」（55.27％）「誤字脱字はないか」「不快にさせていないか」と続いています。

　こうした結果からも、「ビジネスにおける文章力」の大切さがうかがえます。

　ビジネスシーンでのコミュニケーションは、「書いて伝える」（メールやチャットなど）ことが多いため、

- 「必要な情報を正確に、わかりやすく伝える」
- 「誤字脱字をなくす」
- 「相手を不快にさせない表現をする」

　ための文章力が必要です。

④「言葉づかい」が自分（会社）のイメージを決めるから

「言葉は身の文」といわれるように、言葉は、

「書き手の人柄、品位、心の様子を表す」

「その人の人間性や志の高さを表す」

　ものです。

　雑な文章、乱暴な文章、自分勝手な文章、相手を不快にする文章、誤字脱字の多い文章を書くと、それはそのまま「書き手の評価」につながります。

- 雑な文章を書く人＝仕事が雑な人
- 乱暴な文章を書く人＝乱暴な人
- 自分勝手な文章を書く人＝自分勝手に振る舞う人
- 相手を不快にさせる文章を書く人＝礼節や思いやりのない人

- 誤字脱字の多い文章を書く人＝仕事の間違いが多い人

だと思われかねません。

その人の書いた文章は、その人（その人のいる会社）のイメージを左右します。

言葉づかいが乱れると、自分の信頼だけでなく、「会社全体」の信頼も傷つけるリスクがあるのです（SNS上の個人的な発言が、所属する会社や組織に損害を与えることも考えられます）。

社会人としての「書き方のルール」がある

社会人に求められる文章には、「書き方の基本ルール」があります。

「書くのが苦手で自信がない」としたら、その理由は「文才がない」からではなく、

「書き方のルールを知らない」

からです。

次ページの例文は、部下が上司に送ったメール文です。

この例文には、問題点（ルールが守られていない表現や表記の間違い）が５つあります。

どこが間違っているのか、わかりますか？

例文

○○課長、ご苦労様です。

来週、駅前で配付するチラシの件でちょっとご相談があるの
ですが、チラシのデザインはA案ではなくてB案を採用しよ
うと思っていますが、それでよろしかったでしょうか。

- 問題点①→目上の人に「ご苦労様です」は使わない。
- 改善点①→目上の人を労う（ねぎら）ときは、「おつかれさまです」を使う。相手が社外の場合は、「おつかれさまです」も不適切（「おつかれさま」と「ご苦労様」の使い分けは69ページ参照）。

- 問題点②→「配付」は誤用（誤字）。「配付」は、決まった人に配る場合に使う。
- 改善点②→不特定多数に広く配る場合は、「配布」を使う。

- 問題点③→「ちょっと」は話し言葉であり、ビジネスメールにはふさわしくない。
- 改善点③→「ちょっと」を削除する（話し言葉と書き言葉は100ページ参照）。

- 問題点④→接続助詞の「〜が」で文を続けているため、1文が長くなっている。「〜が」は注意して使わないと、読み手が混乱することもある（「〜が」の使い方は136ページ参照）。
- 改善点④→「〜が」で文を続けず、1文を短く区切る（ワンセンテンス・ワンメッセージは53ページ参照）。

- 問題点⑤→「よろしかったでしょうか」は、敬語として違和感がある（バイト敬語は78ページ・98ページ参照）。
- 改善点⑤→「よろしいでしょうか」に直す。

> **改善例**
>
> ○○課長、おつかれさまです。
> 来週、駅前で**配布**するチラシの件で、ご相談があります。
> チラシのデザインは、A案ではなく、B案を採用しようと思います。
> **よろしいでしょうか。**

8ページの「例文」のような問題点をなくすには、ルールに則って文章を書くことです。

書き方の基本ルールがわかっていれば、誰でも「わかりやすく、正確な文章」を速く書くことができます。

すぐに身につけるべき文章術とマナーを網羅

本書は、社会人になったら（社会人になることが決まったら）、すぐに身につけるべき「書き方の基本ルール」をまとめた「書き方の参考書」です。

「現役のビジネスパーソン」「インターン中の大学生」にアンケートを依頼し、彼らのリアルな声を反映させながら、構成内容（掲載する項目、紹介するノウハウ）を決めました。

現役ビジネスパーソンから寄せられた、

「受け取ったメールを読んで、不快に感じることがある」

「何を伝えたいのかわからないビジネス文書を読むことが多い」

　といった悩みと、

「インターン中の大学生（就活生）」から寄せられた、

「敬語が合っているか不安になる」

「社会人としてふさわしいメールの定型文がわからない」

「書き出しのあいさつ文に迷う」

「社外の方へのメール作成の仕方がわからない」

「仕事の依頼メールの書き方がわからない」

　といった悩みを解消するポイントを1冊にまとめています。

【本書の構成】

第1章：NGメール書き換え辞典

　本書では、現役ビジネスパーソン223人（20〜60代）を対象に、

「メールに関するアンケート」

　を実施しました。

- 「受け取った際に『イラっときた』『不快に思った』ビジネスメールの文面（社内外問わず）」
- 「なぜ、『イラっときた』『不快に思った』のか、その理由」
　についてビジネスパーソンに質問。集まった回答をもとに、「相手を不快にさせるメールの共通点」を洗い出し、「不快にさせる理由」をランキング化しました。

イラっとメールランキング

イラっと1位 ……「自分都合／一方的」なメール

イラっと2位 ……「余計なひと言」メール

イラっと3位 ……「上から目線」のメール

イラっと4位 ……「素っ気ない」メール

イラっと5位 ……「ケンカ腰」のメール

イラっと6位 ……「あいさつができていない」メール

イラっと7位 ……「情報不足」のメール

イラっと8位 ……「記号を使っている」メール

イラっと9位 ……「誤字脱字がある」メール

イラっと10位……「馴れ馴れしい」メール

イラっと11位……「1文が長い」メール

イラっと12位……「確認不足」のメール

イラっと13位……「謝罪がない」メール

イラっと14位……「吊し上げ」メール

イラっと15位……「質問に答えていない」メール

第1章では、アンケート対象者が実際に受け取ったメールの一部を例に挙げながら（固有名詞などは一部改変）、

「どこが、NGなのか」

「なぜ、イラっとさせてしまうのか」

を分析しました。その上で、

「どのように書き直せばOKなのか」

改善例を提案しています。

敬語表現などの書き換えについては、正確を期するために、ビジネスマナー講師の大野博美先生に監修をしていただきました。

第2章：学生と社会人の言葉選び「5つの違い」

　社会人になると、相手や状況に応じて、言葉づかい、言葉選びを変える必要があります。学生時代の癖が抜けずに、「タメ口」「バイト敬語」「絵文字」などを使い続けると、相手を不快にさせます。

　ビジネスシーンでは、
- 正しい敬語を使う
- 肯定的な表現を使う
- クッション言葉（やわらかく伝えるための前置きの言葉）を用いる
- 相手の都合、立場、状況を考慮して伝え方を変える
　などの配慮が必要です。

　第2章では、「学生と社会人の言葉づかいは、どこが、どう違うのか」を考えながら、
「学生言葉から社会人言葉に変わるためのヒント」
「ビジネスパーソンの言葉づかいの基本」
「敬語の考え方」
　について紹介します。

第3章：ビジネスの文章作法の基本

第3章では、ビジネスメールやビジネス文書に使える「書き方の作法」を紹介します。

筆者2名（藤吉 豊／小川 真理子）の

- 文章術の名著を100冊以上読み込み、「本当に大事な書き方のコツ」を洗い出した経験
- 約30年にわたり、現役ライターとして多くの執筆に携わった実績

と、ビジネスマナー講師として、多くの新入社員の教育に従事する大野博美先生の知見をもとに、

「新社会人として、身につけるべき書き方の基本」

について紹介します。

【本書の対象者】

- 新入社員（入社2、3年の若手社員も含む）。
- 就職（就職活動）を控えた大学生。
- 部下を指導する立場の社員（ビジネス文書の書き方をアドバイスするときに本書が役立つ）。
- 敬語表現に自信のない方。
- 書くことに苦手意識のある方。
- ブログやSNSで情報発信をしている方。
- メールやチャットなど、文章（文字）でコミュニケーションをする機会が多い方。

本書で紹介する書き方のコツを身につければ、誰でも、
「速く、わかりやすく、正確に情報を届ける文章」
「相手を不快にさせない文章」
　を書けるようになります。

　本書が、新社会人への一助となれば、これほど嬉しいことはあ
りません。

　　　　　　　　　　　株式会社文道　藤吉 豊／小川 真理子

本書の使い方

　本書は、社会人が身につけるべき「書き方のルール」をまとめた「書き方の参考書」です。下記のような使い方ができます。

①最初から読む

　1ページ目から読むと「書き方のルール」をひととおり学べます。重要だと思うところに、付箋を貼ったり、マーカーを引いたり、自分仕様に仕上げるのもいいでしょう。

②「いち早く身につけたいスキル」が載っているページを読む

　はじめに（2〜14ページ）、目次（16〜25ページ）には、「どのページに、どんな内容が載っているのか」が書かれています。地図のように活用すれば、「いち早く身につけたいスキル」が載っているページから読むことができます。

③困ったときに辞書のように開く

「こんなとき、どう書いたらいいのだろう」と悩んだら、巻末のメール・テンプレート集（210〜219ページ）、困ったら開くページ INDEX（220〜221ページ）が便利です。デスクに置いて、困ったときに辞書のように使うことができます。

※この本を読んでいる方の「年齢」「立場」、そして「言葉」も時代の影響で変化するものです。また、会社や業界によって独自の書き方ルールを設けていることもあります。どんな場合でも、一番大切なことは「自分」本位ではなく、「相手」に合わせて書くことです（112ページ参照）。

CONTENTS

第1章

ビジネスパーソン223人に聞いた！
NGメール書き換え辞典

第2章 学生と社会人の言葉選び「5つの違い」

第3章 ビジネスの文章作法の基本

第**1**章

ビジネスパーソン223人に聞いた！

NG メール
書き換え辞典

NGメールの共通点を知れば、トラブルを防げる

　本章では、読み手を不快にさせる「NGメール」をビジネスシーンにふさわしい「OKメール」に書き換える方法を解説します。

　現役ビジネスパーソン223名（20〜60代）に「メールに関するアンケート」を実施しました。アンケート回答者が実際に受け取った「不快に思ったメール」（固有名詞などは一部改変）を「NGメール」として紹介しています。

【アンケート質問項目】

①受け取った際に、「イラっときた」「不快と思った」ビジネスメールの文面とその理由を教えてください。

②新入社員（または若手社員）から受け取った際に、「思わず注意したくなった」「日本語としてどうなの？」と思ったメールの文面とその理由を教えてください。

　集まった回答をもとに、「相手を不快にさせるメールの共通点」を洗い出し、「不快にさせる理由」をランキング化しました。

　中には、「なんでこれがダメなのだろう」「送信者は悪気がないんじゃないかな」と感じるものも含まれていると思います。

　学生時代なら問題がなくても、ビジネスシーンでは、いろいろな世代、立場、状況でやりとりをするもの。「不快にさせるメール」を知り、感じのいいメールを書けるようにしましょう。

イラっとメールランキング

　「イラっとメール」1位から15位です。各ページでは、読み手の状況、立場、「なぜイラっとしたのか」も解説しています。同僚同士では問題がなくても、関係性によって「不快にさせる」こともあります。 CASE（状況） や「イラっとした理由」を読み、背景を理解することが重要です。

1位 「自分都合／一方的」 (32ページへ)

「○日の○時まで**によろしくお願いします**。

もし変更のある場合でしたら○**時までだったら対応できますので、よろしくお願いします**」

2位 「余計なひと言」 (34ページへ)

「**以前にもお伝えしたと思いますが、**早期発送はできませんのでご了承ください」

3位 「上から目線」 (36ページへ)

「**完璧**でございます**！**」

4位 「素っ気ない」 (38ページへ)

「現在対応中です。

作業中のファイルは○○フォルダに格納してあります」

5位 「ケンカ腰」 (40ページへ)

「ほかに急ぎで行うことがあるので、その日できるかはお約束できません！」

6位 「あいさつができていない」 (42ページへ)

「おつかれさまです。資料をお送りいただき、ありがとうございます。

さっそく拝見しました。

○○○○○○○○○（中略）○○○○○○○○○です。

おつかれさまでした。資料をお送りいただき、ありがとうございました」

7位 「情報不足」 (44ページへ)

（AさんとBさんのメールのやりとり）

A「打ち合わせの日程は、いつがよろしいでしょうか」

B「○月○日または、○月○日はいかがでしょうか」

A「○月○日までは予定が詰まっておりまして、○月○日以降でお願いいたします」

B「承知いたしました。では、○月○日、○月○日、○月○日のご都合はいかがでしょうか」

A「○曜日は空いておりませんので、申し訳ありません。ほかに日程をいただけますか」

8位 「記号を使っている」 (46ページへ)

「それでは○○○○○○といった具合なので、**よろしくお願いいたします！！**」

9位 「誤字脱字がある」 (48ページへ)

「**斎藤様**

お世話になっております。さきほど、**斉藤様**からお送りいただいたメールを確認いたしました」

10位 「馴れ馴れしい」 (50ページへ)

「**なるほどですね！　了解です！**」

11位 「1文が長い」 (52ページへ)

「価格設定を変える必要が出てきた**ので、**○月○日までに対象店舗における商品Aと商品Bのセール価格を調べる必要があります**が、**

調査員が他店舗に調査に行く際は、写真撮影は控え、**また、**お客様やパートさんの邪魔になってしまうとクレームにつながる**ので、**十分に気をつけてください」

12位「確認不足」（54ページへ）

「ちゃんと添付しましたよ。**本当に確認されました？**」

13位「謝罪がない」（56ページへ）

「**すぐに納品し直したいと思いますので、**少しお待ちください」

14位「吊し上げ」（58ページへ）

（個別に届いたメールに対し、CCで全社一斉に返信）

「ご指摘の件、私は間違っていません。○○さんは勘違いされています。理由は、**△△のため□□だからです！**」

15位「質問に答えていない」（60ページへ）

A「納品していただいた機械について、ご質問があります。手順書に従って動かしていますが、途中で止まることがあります。どのような原因が考えられるか、教えていただけますか？」

B「納品前に、こちらの実験室で動作チェックをした際は問題ありませんでした。もう一度、手順書を確認してください」

イラっとメール 1位
自分都合／一方的

CASE 社内の別部署に送るお願いメール／社内メール

✕ NGメール

○日の○時までによろしくお願いします。もし変更のある場合でしたら○時までだったら対応できますので、よろしくお願いします。

◯ OKメール

お忙しいところ恐縮ですが、○日の○時までにお願いできないでしょうか。
難しければ、日程調整をしますので、
ご連絡ください。

自分の都合より「相手の都合」を優先する

　読み手を不快にさせる「イラっとメール」の1位は、「自分都合／一方的」でした。

　メールの書き手（送信者）は、「協力をあおぐ立場」である以上、自分の意見を押し通さないこと。「相手に対する気づかいを謙虚な言葉で伝える」ことが大切です。OKメールは、以下の3つのポイントを意識して修正した例文です。

依頼・お願いメールの3つのポイント

①「クッション言葉」を盛り込む

「お忙しいところ恐縮ですが」「ご多用中とは存じますが」「ご面倒をおかけしますが」など、「忙しい中で調整いただく」ことを気づかう言葉を添えます（クッション言葉は111ページ参照）。

②「依頼形（疑問形）」にして、おうかがいを立てる

「よろしくお願いします」「してください」は、目的や理由を述べる前に使うと、「命令口調」と受け取られることがあります。
「お願いできないでしょうか」「していただけますか」と、相手の意向を尋ねる表現にすると、身勝手さがなくなります。

③相手の都合、状況に配慮する

「難しければ、ご連絡ください」「対応が難しい場合は、お声がけください」など、「相手の都合」を配慮した1文を添えると、敬う気持ちや気づかいが伝わります。

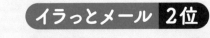

余計なひと言

CASE 納期の前倒しを断るときのメール／社外メール

✕ NGメール

以前にもお伝えしたと思いますが、
早期発送はできませんのでご了承ください。

○ OKメール

納品日の短縮が可能かどうか、あらためて
担当部署に確認しました。

ですが、○○○○○○といった理由から、
期日を早めることができかねる状況でござ
います。

○○様のご要望にお応えできず申し訳ござ
いません。何卒(なにとぞ)ご了承ください。

悪気がなくても、相手を責めてしまうことがある

2位は、「余計なひと言」メールでした。

余計なひと言が相手を不快にさせるのは、相手を遠回しに非難しているからです。

NGメールの受信者は、「以前にもお伝えしたと思いますが」の言い回しに「イラっとした」そうです。送信者に悪気はなく、「念を押す」意味で書いたのかもしれません。ですが、「同じことを何度も言わせないでほしい」「以前伝えたことを覚えていないのか」と、責められているように受け取る人もいます。

OKメールは、先方の要望をあからさまに拒否するのではなく、「あらためて確認しました」と添えて、「要望に応えようとした」前向きさを示しています。さらに、「申し訳ございません」と謝罪の気持ちを加え、丁寧に断っています。

OKメールのように「相手に協力をする」という姿勢を意識して表現すると、押しの強さがなくなります。

イラっとさせかねない「余計なひと言」の例

「通常であれば、もう少し○○○です」

「無理にとは言いませんが」

「ご存じないかもしれませんが」

「言いたくありませんが」

「できて当たり前です」

「本当に○○○でよろしいのですね」

「メールを読んでいただいていますよね」

上から目線

CASE 取引先から書類の確認を求められたとき／社外メール

✕ NGメール

完璧でございます！

○ OKメール

確認いたしました。

こちらにて承ります。

大変勉強になりました。

お忙しい中、ありがとうございました。

立場が「下」の人は、相手を評価してはいけない

3位は、「上から目線」のメールです。

36ページのNGメールには、問題点が2つあります。

①新入社員にもかかわらず、相手を「評価」している

NGメールの受信者は、この文面を読んだとき、「丁寧にしているつもりだろうが、どこか上から目線な感じがして不快に思った」と言います。

不快さを与えている一番の原因は、「完璧である」と評価を下している点です。

評価は本来、「目上（立場が上）の人間が目下（立場が下）の人間に対してするもの」です。先輩や上司、あるいは社外の人に対して評価の言葉を使うと、「エラそうだ！」とイラつかせます。

相手の立場が自分よりも上の場合、評価するのではなく、「自分はどう感じたのか」を伝えます。

「勉強になりました」

「お手本にします」

など、評価を「感想」に置き換えると、目線が下がります。

②「！」（エクスクラメーションマーク）を使っている

「！」は、明るく元気な印象を与える一方で、「威圧感」や「軽薄さ」を与えかねません。相手との間柄や、業界や会社の文化によっても受け取り方が変わるため、むやみに使わないのが基本です（記号や絵文字については、8位で詳述します）。

イラっとメール 4位

素っ気ない

CASE 取引先に作業の遅れを報告するとき／社外メール

✕ NGメール

現在対応中です。

作業中のファイルは○○フォルダに格納
してあります。

○ OKメール

事前にご連絡せず、お約束の期日を越えてしまい
申し訳ありません。

○○○○の理由で、お約束した期日に間に合わせる
ことができませんでした。

ただ今、対応しております。

○日まで猶予をいただけないでしょうか。

ご検討いただけると幸いです。

なお、作業中のファイルは○○フォルダに格納して
おります。何卒ご容赦くださいませ。

「用件だけ」のメールは冷たい印象を与える

4位は、「素っ気ない」メールです。

NGメールの受信者は、「依頼していた仕事が遅延しているのに、ひと言のお詫び文もなく、進捗だけを機械的に返答された。依頼主（こちら）を待たせているという意識もないことに腹が立った」とイラっとした理由を述べています。

ビジネスメールでは、用件をわかりやすく簡潔に伝えることが大切です。

しかし、単なる情報伝達の手段ではないため、心づかいを忘れないこと。用件だけを伝えた場合、素っ気ない文章になり、冷たい印象を与えてしまいます。

自分の不手際で相手に迷惑をかけたのであれば、次の3つを補足すると、誠意が伝わりやすくなります。

誠意を伝える3つのポイント

①非を認めて謝罪（→事前にご連絡せず、お約束の期日を越えてしまい申し訳ありません）。

②ミスが発生した理由を説明（→○○○○の理由で、お約束した期日に間に合わせることができませんでした）。

③対応策を説明（→○日まで猶予をいただけないでしょうか）。

原因の特定に時間を要する場合は、「原因については調査中です」と前置きした上で、先に謝罪をします。

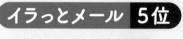

イラっとメール 5位

ケンカ腰

CASE 仕事を依頼してきた同僚に断りを入れるとき／社内メール

✕ NGメール

ほかに急ぎで行うことがあるので、
その日できるかはお約束できません！

○ OKメール

○日ですね。

じつは、別件の対応中でして、その日は
難しいかもしれません。

△日であれば対応可能かと思います。

お役に立てず申し訳ありません。

「協力する気持ち」があることを伝える

　5位は「ケンカ腰」のメールです。

　5位にランクインしたメールの共通点は、

「あからさまに拒否はしていないものの、実際には相手を責めている点」

です。一見丁寧に書かれていながら、書き手の心にある「やっかい」「面倒」「わずらわしい」という感情が透けて見えます。

　NGメールは、「約束はできません」と返事を保留にしつつも、「忙しいから、そちらの依頼に応えている時間はない」「面倒なことを押しつけないでほしい」という、拒否の姿勢がうかがえます。

　このメールの受信者は、「本当に忙しいのかもしれないが、協力する気持ちが文面からは見えずに冷たく感じた」と述べていました。

　一方、OKメールは、

• 「すぐには取りかかれず、申し訳ない」と謝罪をしている

• 「△日であれば対応可能かと思います」と代替案を出している

　ため、突き放した印象を与えません。

　さらに、「じつは、別件対応中でして」と、すぐに取りかかれない理由を「じつは」のあとに続けています。

「じつは」を使うと、「そのあとに続く言葉を強調する」と同時に、「否定」のニュアンスをやわらげることができます。

あいさつができていない

CASE 資料を送ってくれた取引先に返信するとき／社外メール

✕ NGメール

おつかれさまです。

資料をお送りいただき、ありがとうございます。

さっそく拝見しました。

○○○○○○○（中略）○○○○○○○です。

おつかれさまでした。

資料をお送りいただき、ありがとうございました。

○ OKメール

お世話になっております。

資料をお送りいただき、ありがとうございます。

さっそく拝見しました。

○○○○○○○（中略）○○○○○○○です。

引き続き、よろしくお願いいたします。

礼にはじまり、礼に終わる

　6位は、「あいさつができていない」メールです。

　NGメールの問題点は、次の2つです。

①社外の人に「おつかれさまです」を使っている

「おつかれさまです」は、上司、先輩、同僚、部下にも使える汎用性が高いあいさつ表現です。ただし、社外の人に使うには不適切なので、「お世話になっております」に書き換えます。

②冒頭と結びの文が同じ

　NGメールの受信者は、「最後のあいさつ文は、冒頭の文章をコピペして『でした』に替えただけ」と、不快感をあらわにしています。手を抜いたあいさつは、「相手への配慮」や「仕事に対する誠実さ」が欠けている印象を与えます。

　6位には、ほかにも、

「メールの冒頭のあいさつが『こんにちは』だけだった」

「目下の人から『ご苦労様』とあいさつされる」

　という意見がありました。

- こんにちは／くだけた印象を与えるため、目上の人、社外の人、お客様には使用しない（親しい間柄のみ使用）。
- ご苦労様／目上の人が目下の人への労いの気持ちを伝える言葉。上司や先輩に対して「ご苦労様」を使うのは避ける。

情報不足

イラっとメール **7位**

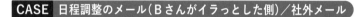

CASE 日程調整のメール（Bさんがイラっとした側）／社外メール

✕ NGメール（AさんとBさんのメールのやりとり）

A：打ち合わせの日程は、いつがよろしいでしょうか。

B：○月○日または、○月○日はいかがでしょうか。

A：○月○日までは予定が詰まっておりまして、○月○日以降で
　お願いいたします。

B：承知いたしました。では、○月○日、○月○日、○月○日の
　ご都合はいかがでしょうか。

A：○曜日は空いておりませんので、申し訳ありません。ほかに
　日程をいただけますか。

○ OKメール

A：打ち合わせの件、よろしければ、○月○日以降でいかがでしょ
　うか。厚かましくも打ち合わせ候補日時をお伝えいたします。
　①○月○日　午後○時以降
　②○月○日　午後○時以降
　③○月○日　午後○時以降
　上記が難しければ、あらためてご相談させてください。
　よろしくお願いいたします。

情報をモレなく、具体的に伝える

　7位は、「情報不足」のメールです。ビジネスメールの役割のひとつは、「必要な情報を正確に伝え、共有する」ことです。情報が不足していたり、あいまいだと、

「ほしかった回答と違う内容が返ってくる」

「やりとりの回数が増える」

　ことになり、仕事がスムーズに進まなくなります。Aさんが、

「○月○日以降で、○曜日を除いた日で打ち合わせをしたい」

「候補の日時は3つある」

　という情報をあらかじめ提示した上でBさんの都合を尋ねていたら、Bさんをわずらわせることはなかったはずです。

　7位には、ほかにも次のような意見が挙げられていました。

- 「『納期はいつになるかわからないので、少々お待ちください』とメールがあったが、いつまで待てばいいかわからなかった」
- 「『できるだけ早めにお振込します』と返信があったが、具体的な日にちは書かれていなかった」
- 「『申し訳ございません。できません』と断りのメールが届いた。なぜできないのか、理由が書かれていなかった」
- 「上司から『快適なホテルを予約してください』と指示があった。『快適さ』は人それぞれ違うので、困る」

　あいまいな表現や情報不足は、誤解やトラブルを招きます。情報共有は「モレなく」「具体的に」が基本です。

記号を使っている

CASE 社外メール

✕ NG メール

それでは○○○○○といった具合なので、

よろしくお願いいたします！！

○ OK メール

○○○○○といった状況です。

何卒よろしくお願いいたします。

記号、絵文字、スタンプは「使わない」が基本

　8位は、「記号」を使ったメールです。

　ビジネスシーンにおいて、記号、絵文字、スタンプを使用してもいいのでしょうか?

「先日はありがとうございました＼(^o^)／」
「よろしくお願いいたします(^0^)ノ」
「申し訳ありませんでした m(＿＿)m」
　こうした表現には、
「ひと目で感情が伝わりやすい」
「親近感や一体感が伝わりやすい」
「心理的な距離が縮まりやすい」
　というメリットがあります。しかし一方で、くだけた印象を与えてしまいます。

　NGメールの受信者は、「語尾に『!!』がつけてあるので、なんだか体育会系のノリがした」と違和感を覚えたそうです。

「!」(エクスクラメーションマーク)は3位でも触れたように、使い方に注意が必要です。ビジネスマナー講師の大野博美先生は、次のように指摘しています。

「『!!』は不要です。許容できる間柄だとしても、カジュアルすぎます。上司や先輩が部下や後輩に対して、『応援する』『頑張りを評価する』ために使うことはあっても、新入社員がビジネスの現場で使うのは、控えたほうがいいでしょう」

誤字脱字がある

CASE 取引先のＡさんに送るメール／社外メール

✕ NGメール

斎藤様
お世話になっております。さきほど、**斉藤様**から
お送りいただいたメールを確認いたしました。

〇 OKメール❶

斎藤様
お世話になっております。さきほど、斎藤様から
お送りいただいたメールを確認いたしました。

CASE 誤字脱字に気づき、あとからお詫びをする場合

〇 OKメール❷

さきほどのメールにて、斎藤様のお名前を誤って記載してしまい
ました。
ご不快な内容をお送りしてしまい、大変申し訳ございません。
何卒ご容赦いただけますよう、お願い申し上げます。

送信前に、名前や日付を必ずチェック

9位は、「誤字脱字」のあるメールです。

誤字脱字は、事前に防ぐことのできるミスです。メールを送信する前に、誤字脱字がないよう確認する習慣をつけましょう。

送信後に誤字や脱字に気づいたら、OKメール❷のように、早急にお詫びをします。お詫びをするときは、「どこを間違えたのか」「何が正しいのか」を明記します。

日付の間違い

さきほどお送りしたメールに記載した日程に、誤りがございました。

以下のとおり訂正いたします。

【誤】9月26日（月）○時～○時

【正】9月27日（火）○時～○時

添付ファイルの間違い

さきほどお送りした添付ファイルについて、内容に誤りがございました。

誠に申し訳ございませんが、破棄していただけますでしょうか。

正しい内容のファイルを本メールに添付いたします。

件名の頭に【訂正】【再送】と書いておくと、どのメールに対しての訂正・お詫びなのかが明確です。

馴れ馴れしい

CASE 返答をいただいたことにお礼を伝えるとき／社外メール

✕ NGメール

なるほどですね！

了解です！

〇 OKメール

ご返答くださり、ありがとうございます。

承知いたしました。

詳しく教えてくださり助かりました。

引き続き、よろしくお願いいたします。

常に相手と一定の距離感を保つ

　10位は、「馴れ馴れしい」メールです。

　NGメールの受信者は、「親しい仲でもなく、しかも相手はかなり年下なので、その軽さにびっくりした」と述べています。NGメールが馴れ馴れしさを感じさせる理由は3つあります。

①「！」がついている

　記号は、使わないのが基本です（8位を参照）。

②同意、納得の気持ちを「なるほど」で表している

「なるほど」は、対等の立場や目下の人（後輩や部下）に対し、同意、納得、評価を示す言葉です。「ですね」をつけても丁寧表現にはならず、かえって軽薄さを感じさせます。

③取引先に対して、「了解です」を使っている

「了解」は、権限を持つ人（目上の人）が下位の人（目下の人）に許可を与えるときに使うのが通例です。社外の人や目上の人には、「承知いたしました」「かしこまりました」を使います。

　相手との信頼関係が築けているとしても、仕事である以上、ビジネスメールには一定の距離感が求められます。「親しさ」を示したつもりでも、その表現に配慮、敬意がなければ、それは「馴れ馴れしさ」と解釈されます。相手との距離感を常に意識しながら、丁寧な表現で文章を整えましょう。

1文が長い

CASE 他部署に市場調査をお願いするとき／社内メール

✕ NGメール

価格設定を変える必要が出てきた**ので**、○月○日までに対象店舗における商品Aと商品Bのセール価格を調べる必要があります**が**、調査員が他店舗に調査に行く際は、写真撮影は控え、**また**、お客様やパートさんの邪魔になってしまうとクレームにつながる**ので**、十分に気をつけてください。

○ OKメール

価格設定を変える必要が生じたため、セール価格の調査が必要になりました。調査の概要を以下に記します。
ご確認ください。

対象商品：商品A、商品B

対象店舗：○○店、△△店、□□店

注意事項：①他店舗での写真撮影は控えてください。

　　　　　②お客様、パートさん優先の行動をお願いします。

調査期間：○月○日から○月○日まで

1文の中に複数の情報を入れない

　11位は「1文が長い」メールです。

　NGメールの受信者は、イラっとした理由を「1文が長く、何をどのようにしてほしいのか、わからない」と述べています。

　1文の文字数が多いと、主語（誰が）と述語（どうした）の関係が不明瞭になります。情報が複数あるときは、接続助詞（「〜が」「〜ので」など）、接続詞（「そして」「また」など）を多用せず、「1文を短く、端的に書く」ことを意識します。

情報が複数あるときのポイント

- 情報を箇条書きにして提示する（OKメール）
　……要点がコンパクトにまとまるため、正確に伝わりやすい。
- ワンセンテンス・ワンメッセージ
　……ひとつの文に入れる内容をひとつに絞る。

「ワンセンテンス・ワンメッセージ」で書き換えた例

価格設定を変える必要が生じました。

商品Aと商品Bのセール価格の調査をお願いします。

対象店舗は、○○店、△△店、□□店です。

調査は、○月○日から○月○日までに実施してください。

「写真撮影」ならびに「お客様、パートさんの邪魔になる行為」はくれぐれも慎んでいただきたく、お願いします。

イラっとメール 12位
確認不足

CASE 「添付ファイルがない」とメールが来たとき／社内メール

✕ NGメール

ちゃんと添付しましたよ。
本当に確認されました？

※本当は添付を忘れているのに、「自分が忘れるわけはない」と
　決めつけ、添付したかどうかの確認をしていない。

〇 OKメール

さきほどお送りしたメールを確認したところ、
添付ファイルを忘れておりました。
大変失礼しました。
本メールに添付します。
添付ファイル名は『〇〇〇〇〇』です。
ご確認ください。

「自分が間違っていなかったか」を確認する

　12位は「確認不足」のメールです。

　メールの送信者が「何かをうっかり忘れてしまっている」（確認不足）のに、「自分は間違っていない」「間違っているのはそちら（受信者）である」と決めつけると、相手を不快にさせます。

　NGメールの受信者は、「こちらの確認ミスを前提にしてきたことが不快でした。結局、『添付できていなかった』という凡ミスだったのに、『相手（私）が悪い』と決めつけているあちらの態度にムカッとしました」と述べています。

「送信する前に、添付忘れがないか」を確認する。添付モレを指摘された場合は、「自分は間違っていない」と決めつけず、「自分に手違いがなかったか」を確認する。「確認」を怠らなければ、受信者をイラつかせることはなかったはずです。

　54ページのNGメール以外にも、12位には、
- 「『昨日メールを送信していますが、確認しましたか？』と催促のメールを受け取ったが、結局、先方の送信ミスだった」
- 「取引先に仕事の依頼をしたら、担当者から『誰の了承を得て仕事を依頼してきたのですか？』とメールが届いた。取り決め済みであることを確認せずに問い詰めてきたので、イラっとした」

といった意見が挙げられていました。

　相手を不快にさせないためには、「自分が間違っている可能性」も考えて謙虚にメールを書く姿勢が必要です。

謝罪がない

CASE 間違った商品を納品してしまったとき／社外メール

✕ NGメール

すぐに納品し直したいと思いますので、少しお待ちください。

○ OKメール

このたび、納品ミスにより、貴社に大変なご迷惑をかけてしまいましたこと、心よりお詫び申し上げます。

納品予定の商品Aに関しましては、本日、発送させていただきます。

貴社への到着予定は、○月○日の午前○時です。

もし、ご希望の日時がございましたら、お申しつけください。

確認をしたところ、ミスの原因は、○○○○○○○○○○であることが判明しました。

二度とこのようなことが起きないよう、チェック体制を見直します。

何卒ご容赦くださいますよう、お願い申し上げます。

まずは、メールにてお詫び申し上げます。

謝罪文では、「原因」と「対策」を明記する

　13位は、「謝罪がない」メールです。

　NGメールの送信者は、納品ミスにより迷惑をかけたにもかかわらず、謝罪をしていません。また、今後の対応策もあいまいなため、「いつ納品し直すのか」（正しい商品がいつ取引先に届くのか）がはっきりしません。

　ビジネスマナー講師の大野博美先生は、「納品ミスの原因が判明しているのであれば、なぜ起きたのか、今後の姿勢、対処などを具体的にお伝えします。『すぐに』『思いますので』といったあいまいな表現は2次クレームにつながります」と指摘しています。

　ミスをしたときの謝罪文のポイントは、次の5つです。

謝罪文の5つのポイント

①ミスが見つかった時点で、すみやかに謝罪メールを送る。

②今後、どのような対策を取るのかを具体的に明記する。

③ミスの原因を隠さずに伝える。原因が判明していないときは、「現在、ミスの原因の特定を急いでおります」「ただいま確認しておりますので、わかり次第、ご説明いたします」など、調査中であることを伝える。

④ミスを起こさないための見直し策を説明する。

⑤メールだけで済ませず、電話をかけるか直接訪問して、自らの言葉で誠意を伝える。必ずメールの文末で、「まずは、メールにてお詫び申し上げます」と詫びる。

イラっとメール **14位**

吊し上げ

✕ NGメール

（個別に届いたメールに対し、CCで全社一斉に返信）

ご指摘の件、私は間違っていません。

○○さんは勘違いされています。

理由は、△△のため□□だからです！

○ OKメール

（メールをCCにしないで個別に返信）

私の考え違いでしたら申し訳ありません。

ご指摘の件は、△△のため□□であると

受け取っておりましたが、よろしいでし

ょうか。

ミスを指摘するとき、「CC」は使わない

14位は、「吊し上げ」メールです。

「吊し上げ」メールとは、「相手（メールの受信者）の失態や失敗を第三者にも周知させ、非難するメール」のことです。

NGメールの受信者は、「結論の部分を太字にして目立つようにし、さらに、本件とは関わりない社員にまでCCに入れて送信してきたところに、嫌味を感じた」と述べています。

たとえ内容が正論であっても、相手のメンツをつぶすことになるため、一斉メールは慎むべきです。

「相手のミスを指摘する」ときの基本マナー

• 明らかに相手のミスでも、ストレートに誤りを指摘しない。
• CC（BCC）にはしない。

メールの内容によっては、関係部署全員が情報を共有する必要があります。その場合、まずは上司に相談すること。その上で、

• 共有をはかる別メールを出す（ミスをした人物を特定しない）
• 「再発防止のため、CCにて関係部署に送信しています」と断りの1文を入れる

といった方法を考えましょう。

CC／念のため情報を共有したい人を入れる。
BCC／TOやCCに指定した人に隠したい宛先がある場合、複数の社外の人に同時にメールを送りたい場合などに利用する。

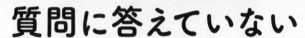

イらっとメール **15位**

質問に答えていない

CASE Aさんがイラっとした側／社外メール

✕ NGメール（AさんとBさんのメールのやりとり）

A：納品していただいた機械について、ご質問があります。
手順書に従って動かしていますが、途中で止まることがあります。どのような原因が考えられるか、教えていただけますか？

B：納品前に、こちらの実験室で動作チェックをした際は問題ありませんでした。もう一度、手順書を確認してください。

○ OKメール

B：ご指摘の件、途中で止まってしまうのは、以下の原因が考えられます。
①○○○○○○○○○○○○○○○○○○○○○
②○○○○○○○○○○○○○○○○○○○○○
③○○○○○○○○○○○○○○○○○○○○○
お手数をおかけしますが、この3点について、再度ご確認いただけますでしょうか。
それでも正常に動かない場合は、こちらから技術者を派遣いたします。ご不便をおかけして申し訳ありません。
よろしくお願いいたします。

相手が求めている答えを提示する

15位は、「質問に答えていない」メールです。

こちらの問い合わせ（質問）に対し、「答えのない返信メール」が届くと、受信者は不快感を覚えます。

NGメールの場合、Aさんの「機械が途中で止まった原因を教えてほしい」という質問に対し、Bさんは、「納品前には問題がなかった。もう一度試してほしい」と返信しただけで、「機械が途中で止まる原因」については言及していません。

質問があるからメールを送っているにもかかわらず、回答のない返信が来れば、誰もが不快に思います。

ただし、質問者の書き方があいまいだったり、質問が明確でなかったりした場合、ほしい答えを導き出せないことがあります。

答えを引き出すための「質問メール」の書き方

- 「質問」であることがわかる件名をつける。

  例：「○○○についてのご質問」

- 質問内容を箇条書きにする。

  例：「下記の3点について質問いたします」

- 結びのひと言を忘れない。

  例：「お手数をおかけしますが、ご回答いただけますよう、よろしくお願いいたします」

ほかにもあった！ こんなイラっとメール

しつこい

✕ NGメール

わかりました？　本当にわかってます？　大丈夫ですか？

○ OKメール

ご理解いただけましたでしょうか。説明にご不明な点がありましたら、遠慮なくおっしゃってください。

> 相手の理解度を確認するときは、「大事なことなので、再度、確認させていただけませんか」という謙虚さを言葉にします。

何を伝えたいのかわからない

✕ NGメール

件名：つながらない

本文：システムにつながらない、ピンチ、やばい。

○ OKメール

件名：【至急】社内システムの接続に関するご質問

本文：社内システムの接続方法について、教えていただきたいことがございます。こちらの設定に不備があるのか、システムにつながりません。急なお願いで大変申し訳ありませんが（クッション言葉）、○○○○○する必要がございますので（急ぐ理由）、○日までに（期日）ご対応をお願いできますでしょうか。

> 急ぎの対応を依頼する場合、「急ぎであること」「急ぐ理由」「いつまでに対応してほしいのか」を明記します。

比較

✕ NGメール

前の担当者ならご理解いただけたのですが……

○ OKメール

これまでのお取引と同様に、○○○○でお願いいたします。

前任者と比較をすると、相手の理解不足を非難しているように受け取られます。「これまでのお取引と同様に」と置き換えれば、個人攻撃をせずに確認をうながすことが可能です。

質問攻め（上司が部下に送ったメール）

✕ NGメール

まずAとは何のAか？　Aの方法は？　なぜAするとBが正常に戻るのか？　どうやってその方法が有効だとわかるか？

○ OKメール

詳細を把握したいので、以下の4点について教えてください。

　①Aとは、何のAを指しているか

　②Aの方法について

　③AをするとBが正常に戻る理由について

　④Aの有効性について

以上、よろしくお願いします。

一方的に質問を続けると、読み手は、尋問を受けているような気分になります。確認したい内容が複数あるときは、1文にまとめないで箇条書きにすると、圧迫感を与えません。

✕ NGメール

メール届きましたか？　早く返事ください。

○ OKメール

さきほどメールを差し上げた件で、確認のお願いです。

じつは○○○○という事情がございます。大変恐縮なのですが、

○日までにお返事をいただけますでしょうか。

相手から返信がない場合、メールが相手の目に触れていない
可能性も考えられます。急ぎの場合は、催促のメール（急ぐ
理由と、期日を明記）を出すとともに、電話をかけると確実
です。

✕ NGメール

別件が入ってしまったので、日程の変更をお願いします。

○ OKメール

大変恐縮ですが、すでに別件が入っておりました。こちらの確認
ミスで申し訳ありません。日程の変更をお願いできないでしょう
か。厚かましくも候補日時をお伝えしますと……

「別件が入ってしまったので」と表現をすると、「別の人を優
先した」「あなたとの用件より大事な用件がある」と受け取ら
れ、心証を悪くしかねません。
「別件が入っていた」ことを忘れていた「自分の確認ミス」を
理由に挙げて、丁寧な表現で日程の変更をお願いします。

自分都合／一方的

✕ NGメール（新入社員から全社一斉メール）

会議室の予約方法は、こちらに統一してください。

○ OKメール

今までの予約方法では、○○○○という問題が起きていました。

そこでこのたび、改善担当として私○○が任を受けました。

今後、会議室を予約する場合は、新しい予約方法でお願いします。

新たな課題点が見つかりましたら、ぜひ、ご意見をお聞かせください。

> NGメールの受信者は「なぜ、新しいルールを押しつけてきたのか理解に苦しんだ」と述べています。「予約方法を変える理由（現状の課題）」と「社内の意見を聞く姿勢がある」ことを明記すれば、押しつけがましい印象を軽減できます。

余計なひと言

✕ NGメール（時間に余裕のない相手に送る）

お手すきの際に……

○ OKメール

お忙しいところ申し訳ありませんが……

> 「お手すきの際」は、自分の依頼の緊急度が高くないことを伝えるクッション言葉です。敬語表現としては正しいものの、「常時忙しくしている人」の中には、「手が空いている時間はない」と不快に思う人もいます。新社会人は、仕事に慣れるまでは使用を控えましょう。

✕ NG メール（社外メール）

質問等があればご連絡ください。なければ返信不要です。

○ OK メール

ご不明点がございましたら、ご遠慮なくお知らせください。

「返信不要です」という1文は、事務的で冷たい印象を与えます。NGメールの受信者は「『用事がなければ連絡してこないで』と突き放された感じがした」と述べています。

「返信不要」の気持ちを伝えるのであれば、「ご返信はお気づかいなくお願いします」「問題がないようでしたら、ご返信には及びません」と置き換えると、やわらかく表現できます。

✕ NG メール（社外メール）

○○さん、もっと細かい情報をください。

○ OK メール

○○様、お手数をおかけしますが、△△に加えて、○○○○に関する詳細情報をいただけないでしょうか。

ご協力をお願いいたします。

お客様に対して「さんづけ」をし、「ください」と催促した結果、受信者に「高圧的な人である」という印象を抱かせてしまいました。

「いただけないでしょうか」と依頼形にした上で、「お願いいたします」と結ぶと、目線が下がります。

謝罪がない

✕ NGメール

依頼のあったデータ入力の件、まだできていません。そもそも、期限が短すぎると思います。

○ OKメール

申し訳ありません。期限を越えてしまいました。

私の能力不足で対応しきれず、ご迷惑をおかけしております。

つきましては、○日まで猶予をいただけないでしょうか。

> NGメールの受信者は、「期限が短いなら早く言えばいい。謝罪もない」と不快感を覚えています。どんな理由であれ、約束の期限を過ぎている以上は、「先に謝罪」がマナーです。

素っ気ない

✕ NGメール

今回はご縁がなかったということで、ありがとうございました。

○ OKメール

かしこまりました。○○様にぜひお願いしたかったのですが、残念です。

今後も、お願いしたい案件をご相談させてください。次の機会にお仕事をご一緒できたら嬉しく思います。

> NGメールの受信者は、「ご縁がなかったのに感謝するのは、嫌味な感じがする」と不快感を口にしています。OKメールのように、「機会があればご一緒したい」という気持ちを残しておくことで、良好な関係を継続できます。

「何がダメなの？」
あるあるNG表現8選

　アンケートの質問項目②「新入社員（または若手社員）から受け取った際に、『思わず注意したくなった』『日本語としてどうなの？』と思ったメール」（28ページ参照）の回答をもとに、若手社員がやりがちなNG表現を8つまとめました。

❶「目上の人」には不適切（69ページへ）
「ご苦労様」「参考になりました」「以上」「すいません」
❷「させていただく」の使い方（72ページへ）
「出張に行かせていただきます」「不在にさせていただきます」
❸ 表現が軽すぎて、失礼（74ページへ）
「了解です！！」「一応」「ヒマなときに」
❹ 二重敬語は誤った敬語（76ページへ）
「ご覧になられましたでしょうか？」「ご依頼になられました」
❺「バイト敬語」と「指示語」（78ページへ）
「あれでよろしかったでしょうか」「こちらだけ」
❻「幸甚（こうじん）」は「相手」に対して使う（80ページへ）
「お会いできて、幸甚です」
❼ 何を伝えたいのかわからない（81ページへ）
「〜が、今○○なんですが、○○なので、○○と思いますが〜」
❽「欠勤連絡」が一方的（84ページへ）
「〜なので休みます」「質問には答えられません」

何がダメなの？メール ❶
「目上の人」には不適切

✕ NGメール

○○課長、今日のセミナー**ご苦労様でした**。とても**参考になりま
した**。

○ OKメール

○○課長、本日は**おつかれさまでした**。

セミナー受講の機会をいただき、ありがとうございます。

貴重なお話をうかがうことができ、大変勉強になりました。

さっそく取り入れたいと思います。

ダメな理由

- 「ご苦労様」は、目上の人から目下の人にかける言葉です。
  目下の人が（社内にいる）目上の人を労うときは、「おつか
  れさま」に置き換えます。

- 「参考になりました」は、「自分の考えの足しにする」「そ
  の意見を取り入れるかどうかは、自分で判断する（受け入
  れるかわからない）」というニュアンスを含んでいるため、
  上から目線の印象を与えかねません。

✕ NGメール

○○の件についてご確認お願いいたします。**以上。**

○ OKメール

○○の件についてご確認お願いいたします。

以上です。何卒よろしくお願い申し上げます。

ダメな理由

- 「以上」でメールを終わらせるのは、用法としては間違っていません。ですが、受け手に冷たい印象を与えます。
- 目上や取引先、お客様に対しては、「です」をつけて「以上です」とし、あとに、
  「よろしくお願いいたします」
  「何卒よろしくお願い申し上げます」
  などを添えると丁寧です。

✕ NGメール

すいません。

○ OKメール

申し訳ございません。

ダメな理由

- 「すいません」は「話し言葉」です。正しくは「すみません」と書きます。
- 「すみません」は、軽いお詫びや、自分と同等、あるいは

目下の人に対して使います。

「すみません」の置き換え

• 迷惑をかけて、すみません。（お詫び）
→迷惑をおかけして、申し訳ございません。

• 添付ファイルが漏れておりました。すみません。（お詫び）
→添付ファイルが漏れておりました。大変失礼いたしました。
※重大なミスの場合は「申し訳ございません」を使う。

• 手伝っていただき、すみませんでした。（お礼）
→お手伝いいただき、ありがとうございました。

• すみません、お時間をいただけますか。（依頼）
→恐れ入りますが、お時間をいただけますか。

何がダメなの？メール ❷
「させていただく」の使い方

✕ NGメール（取引先へのメール）

明日は**出張に行かせていただきます**ので、事務所には不在に**させ
ていただきます**。

○ OKメール

明日は**出張のため**、終日不在で**ございます**。

ダメな理由

「させていただく」は誤用のケースが多いため、「敬語として
間違っている」という意見があります。しかし、使用条件を
満たしていれば、間違いではありません。

- 「させていただく」は、相手の許可が必要なときに使いま
  す。「出張」は会社の業務命令であって、「取引先に許可を
  得るものではない」と考えることができます。
- 「させていただく」は、人によって許容度が異なるため、使
  い方に注意します。

「させていただく」の使用条件

「基本的には、自分側が行うことを、ア）相手側又は第三者の許
可を受けて行い、イ）そのことで恩恵を受けるという事実や気持
ちのある場合に使われます」（引用：文化庁ホームページ『敬語お

もしろ相談室』第三話「敬語のTPO〜依頼の仕方〜」)。

○OK

スケジュールを変更させていただいてもよろしいでしょうか。

OKの理由

スケジュールの変更には相手の許可が必要です。スケジュールを変更することで自分に恩恵があります。

×NG

私は大学1年のとき、○○先輩と同じサークルでサッカーをさせていただきました。

NGの理由

サークルは、自分で選んで入るものです。活動をするのに、一般的には「先輩に許可を得る必要はない」ので、誤用です。

「相手の許可を得る必要がない(低い)」ときは(すでにそれをすることが決定済みのときなど)、「する」「いたします」に書き換えることができます。

「させていただきます」の置き換え

• 休業させていただきます。

→休業いたします。

• 上司に確認させていただきます。

→上司に確認いたします。

何がダメなの？メール ❸
表現が軽すぎて、失礼

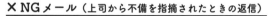

× NGメール（上司から不備を指摘されたときの返信）

了解です！！ 改善します。

○ OKメール

かしこまりました。改善に努めます。

ダメな理由

- 不備を指摘されているのに、真剣さがうかがえません。「了解」は、目上の人が目下の人に許可を与えるときに使うのが通例です。

× NGメール

一応、やっときましたので、**ヒマなとき**に確認お願いします。

○ OKメール

資料が完成しました。お時間のあるときに、念のため、ご確認をお願いします。

ダメな理由

- 「一応」は、「最低限の条件は満たしているが、完璧ではない」ことを意味します。「一応、やっときました」というフ

レーズは、「適当にやった」「いい加減にやった」という意味として伝わります。

- NGメールの受信者は、部下から届いたこのメールに対し、「『一応って何だよ、ちゃんとやれ。それと、ヒマなときって言い方があるか』と思いました」と不快感を述べています。

- 「一応」は、「念のため」「ひととおり」に書き換えます。

✕ NGメール

○○課長、明日にでも確認してもらえませんか。

よろしくお願いします。**まみ**

○ OKメール

○○課長、明日、ご確認いただくことは可能でしょうか。

よろしくお願いします。

資材部第1課　田中まみ

ダメな理由

- 署名に「下の名前」しかないため、幼児性を感じさせます。
- NGメールの受信者は、「最後に自分の下の名前が書いてあるのを見て、思わず二度見しました。入社したばかりとはいえ、社会人としてさすがにこれはないだろうと思ったからです」と、驚きをあらわにしています。
- 同姓が多い職場ならば、フルネームにします。

二重敬語は誤った敬語

✕ NGメール

資料を**ご覧になられましたでしょうか？**

◯ OKメール

資料をご覧になりましたか。

資料を**ご確認いただけましたか。**

ダメな理由

- 尊敬語は目上の人を敬う表現で、「相手を立てたいとき（相手を自分よりも上にする）」に使います。一方、謙譲語は自分がへりくだる表現で、「自分の立場を下げて相手を立てる」ときに使います（敬語については第2章で詳述します）。

- 「ご覧になられる」は、「見る」の尊敬語「ご覧になる」に、尊敬の意を表す助動詞「れる」が重なった二重敬語です。二重敬語とは、「ひとつの語について敬語を2つ以上組み合わせた敬語」のことで、誤りとされています。

二重敬語の例

✕「お（ご）＋○○られる」

✕お読みになられる→◯お読みになる　✕おっしゃられる→

○おっしゃる　×お見えになられる→○お見えになる　×お会いになられる→○お会いになる

×「謙譲語＋いただきます」
×拝見させていただきます→○拝見します　×うかがわせていただきます→○うかがいます　×お目にかからせていただきます→○お目にかかります

「お召し上がりになる（召し上がる＋お〜になる）」「おうかがいする（うかがう＋お〜する）」のように、広く定着している二重敬語もあります。「話し言葉」として使用するのであればさほど違和感を与えませんが、ビジネス文書（書き言葉）においては、避けたほうが無難です。

× NGメール
おつかれさまです。**ご依頼になられました**書類をファイルにして**お送りさせていただきました。**

○ OKメール
おつかれさまです。ご依頼の書類を添付して送信します。

ダメな理由
- 「ご依頼になられました」「お送りさせていただきました」は二重敬語です。

「バイト敬語」と「指示語」

✕ NGメール

さきほど送りました添付ファイルは、**あれでよろしかったでしょうか。**

○ OKメール

さきほど添付ファイルを送信いたしました。○○○○でよろしいでしょうか。ご確認ください。

不備がございましたら、ぜひご指導くださいますよう、お願いいたします。

ダメな理由

- このメールの受信者は、次のように不快感を口にしています。「『あれ』『よろしかった』は、目上に対する言葉として不適切ですし、それ以前に語彙力のなさに驚きます。注意する気も失せるレベルです」。

- 「よろしかったでしょうか」は、いわゆる「バイト敬語」です（98ページ参照）。間違った敬語とは言い切れませんが、違和感を覚える人もいます。「相手にこれから確認をするとき」に過去形を使うのは不自然です。

- 「あれで」が何を指しているのか、不明瞭です。「これ、それ、あれ、どれ」といった指示語は、短い言葉で対象を示

す便利な言葉です。しかし、「何を指しているのかがあいまいになり、正確に伝わらない」ことも考えられます。指示語を具体的な言葉に置き換えたほうが、誤解なく伝わります（138ページ参照）。

× NGメール

こちらだけ先にお願いしてよろしかったでしょうか。

○ OKメール

最初に、添付した資料の確認からお願いできますでしょうか。

ダメな理由

- 「こちら」が何を示しているのか、「何を」お願いしたいのかがはっきり書かれていません。
- 「よろしかったでしょうか」は、バイト敬語です。

「これ、それ、あれ、どれ」といった指示語（別名こそあど言葉）は、何を指すのかわかりづらく、読み手の負担になる場合が多いです

何がダメなの？メール ❻
「幸甚」は「相手」に対して使う

✕ NGメール

○○様にお会いできて、**幸甚です。**

○ OKメール ❶

○○様にお会いできて、とても嬉しく思います。

○ OKメール ❷

面会の時間を取っていただき、幸甚です。

ダメな理由

- 「幸甚」は、「非常にありがたい」「この上ない幸せである」という感謝を表す表現です。

- 相手が自分のためにしてくれた（これからしてくる）心づかいに対して使う言葉であり、自分の行動には使いません。

「幸甚」を使うときのポイント

- 「〜ていただき」「〜くださいましたら」とセットにすると使いやすい。

  例：「〜ていただき幸甚です」「〜くださいましたら幸甚です」

- 社外の目上の人に使う（社内では使わない）。

- 親しい人・簡単なお礼には使わない（「この上ない幸せ」という意味があるため多用しない）。

何がダメなの?メール ❼

何を伝えたいのかわからない

✕ NGメール

○○課長、さきほど資料を送っていただいたのです**が、**今、外回りなので時間がかかるんです**が、**でも、もう少ししたら終わるかもしれないの**で、**終わったら確認をしようと思います**が、**それでよろしいですか。

○ OKメール

○○課長、資料を受け取りました。

今、外回りをしており、○時には終わる予定です。

社に戻り次第、資料を確認します。

お待たせしてしまい、申し訳ありません。

よろしくお願いします。

ダメな理由

- 「伝えたいこと」をすべて1文の中に入れ込んだ結果、「何を、どうしたいのか」「どういう状況なのか」が、わかりにくくなっています。

- 「〜が」「〜ので」で文を続けないで、伝えたい情報ごとに文を区切ったほうが、正確に伝わります（52ページ参照）。

聞きたいことがあるのです**が**、自分はA案よりB案で今回のプロジェクトが進むと思ったのです**が**、課長がB案についてミーティングをすると言っていたのです**が**、どっちで進むのかがわからないのですが。

教えていただきたいことがあります。

ミーティングでは、プロジェクトのA案とB案、どちらの案について話し合うのでしょうか。

ダメな理由

- 「〜が」で文を続けているので、主語（誰が、何が）と述語（どうした）の関係がわかりにくくなっています。
- 「〜が」は「逆接」（前に述べたことを否定する）のときに使用したほうが伝わりやすくなります。「単純な接続」（文と文を単純につなげる）として使用した場合、文意が混乱しやすくなります（136ページ参照）。

回答は下記です**が**、送付した資料が変更後の資料です**が**、ご了解ください。

お尋ねの件、下記のとおり返答いたします。

変更後の資料を添付いたします。

ご確認をお願いいたします。

ダメな理由

- 「下記ですが」「資料ですが」の「が」の用法が逆接になっていないため、違和感があります。
- 「が」を使うときは、「が」のあとに、「逆の内容」をつないだほうがわかりやすくなります。

> 接続助詞の「が」は
> 「しかし」の意味を含むもの。
> 「しかし」の意味がないのに
> 「が」が使われていると、
> 読み手は混乱することがあります

× NGメール

おはようございます。

急に具合が悪くなったので**休みます。**

ルートに関しては**お任せしますが、質問には答えられません。**

病院に行くので。よろしくお願いします。

○ OKメール

おはようございます。○○主任にご相談があります。

昨晩から発熱があり、出社が難しい状況です。

大変申し訳ありませんが、病院で診察を受けたいので、

本日は休ませていただいてもよろしいでしょうか。

自宅で１日静養し、明日には出社したいと考えております。

お休みをいただけるのでしたら、本日予定していた業務について、

代わりの対応をお願いします。

申し送り事項は、以下の３点です。

①○○○○○○○○○○○○○○○○○○○○○○○○○○○○

②○○○○○○○○○○○○○○○○○○○○○○○○○○○○

③○○○○○○○○○○○○○○○○○○○○○○○○○○○○

不明点などがあれば、メールまたは携帯電話に連絡をお願いします。

急な連絡となってしまい、ご迷惑をおかけします。

どうぞよろしくお願いします。

ダメな理由

- 上司の許可を得る前に、「休む」ことを前提に話を進めています。
- 「質問には答えられません」「お任せします」と一方的に言い放っており、「まわりの人に迷惑をかけている」という配慮の気持ちが見えません。
- NGメールの受信者は、「一方通行すぎませんか。体調不良は仕方がないにしても、通院の合間にやりとりはできるでしょうし、最低限度の申し送りはお願いしたいです」と述べています。

病欠を伝えるときのポイント

- 緊急を要するときは、「電話」で連絡をするのが基本（何らかの事情で電話ができないときや、社内のルール上で認められている場合などは、メールで連絡をする）。
- 始業時間前に送る。
- 以下の5つの内容を明記する。
  - ①休む理由
  - ②現在の状態
  - ③出社の目安（欠勤する予定の日数）
  - ④申し送り事項
  - ⑤謝罪の言葉

第2章

学生と社会人の
言葉選び
「5つの違い」

社会人としての書き方の
ルールを身につける

　学生と社会人の言葉選びには、5つの大きな違いがあります。

　本章では、その5つの違いを比較しながら、「社会人としての書き方のルール」を解説します。

　その人の書いた文章は、その人（その人のいる会社）のイメージに直結します。学生時代のカジュアルな言葉を使い続けると、あなただけでなく、あなたがいる会社の評価も下げてしまいます。

　ビジネスマナー講師の大野博美先生は、次のように話しています。

「『正しい敬語が使える＝社会人の土俵（ステージ）で対等にやりとりする準備ができている』ということです。先輩、上司、お客様、取引先など、いろいろな立場の人と、社会人の共通言語でコミュニケーションを取れるようになりましょう」

　正しい敬語は「社会人の共通言語」。学生言葉から、社会人言葉に変えるヒントを紹介します。

学生と社会人の言葉選び「5つの違い」リスト

	学生		社会人
1 (90ページへ)	【学生言葉】 • カジュアルな表現 • タメ口 • 若者言葉 • 絵文字 • ネットスラング	⇒	【社会人言葉】 • どの世代にも伝わる言葉 • プライベートと 　切り離した丁寧な言葉 • 正しい敬語
2 (100ページへ)	【話し言葉】 会話する際に使う言葉。 口語。やわらかい表現や くだけた表現が多い。	⇒	【書き言葉】 文章に用いる言葉。文語。 情報を正確に伝えることを 目的とするため、 簡潔な表現になることが 多い。
3 (104ページへ)	【ネガティブ】 • 否定的／ネガティブ表現 例：「○○ではない」 　　「○○しないでください」	⇒	【ポジティブ】 • 肯定的／前向き表現 例：「○○です」 　　「○○してください」 　　「○○する」
4 (112ページへ)	【自分都合】 • 自分らしい表現 • 自分の「年齢」「立場」に 　合わせた表現	⇒	【相手都合】 • 相手にとって 　わかりやすい表現 • 相手の「立場」「年代」 　「状況」「性格」「知識」に 　合わせた表現
5 (116ページへ)	【余計なことまで書く】 • 友人の個人情報の共有 　（体調不良で休んでいる 　など） • 不快にさせるひと言 　（別件があるのでなど） • 自由なSNS投稿 　（アルバイト先のシフト 　など）	⇒	【情報の取捨選択をする】 • 社内の人の個人情報は 　書かない • 相手が不快感を覚える 　ひと言は書かない • SNSに会社の情報は 　上げない

学生言葉

- カジュアルな表現
- タメ口
- 若者言葉
- 絵文字
- ネットスラング

社会人言葉

- どの世代にも伝わる言葉
- プライベートと
  切り離した丁寧な言葉
- 正しい敬語

カジュアルな表現を避け、丁寧な言い回しを心がける

　学生時代の人間関係は、同世代が中心です。気心（きごころ）が知れた相手なら、かしこまった言い回しは必要ありません。

　ですが、ビジネスシーンでは、状況や相手に応じた言葉づかいが求められます。

「超○○」「私的には○○」「マジ○○」「めっちゃ○○」「ヤバいです」「全然○○」といったカジュアルな表現は、不適切です。

　いわゆる「タメ口」「学生言葉（若者言葉）」「絵文字」「ネットスラング（インターネット上の俗語）」を使うと、「幼稚な印象を与える」「マナー不足だと思われる」「相手を不快にさせる」などの理由で、相手との適切な距離を保てません。

　社会に出ると、先輩、上司、お客様、取引先など、立場の違う人たちと人間関係を築くことになるため、「自分と相手の関係性」を踏まえた言葉選びが必要です。

「社会人言葉」の基本ポイント

- どの世代にも伝わる言葉に置き換える。
- プライベートと切り離した「丁寧な表現」にする。
- 「敬語」を用いて、互いの立場や関係を明確にする。

「尊敬語」「謙譲語」「丁寧語」の基本を覚える

　ビジネスパーソンにとって、正しい敬語は、周囲との人間関係を円滑に築くための基本です。敬語を使いこなすと、「お互いに気持ちよく交流できる」というメリットがあります。

敬語の役割
- 自分と相手の関係性を明確にする（相手の立場を尊重する）。
- 良好な人間関係を築く。
- 書き手（話し手）の品位を保つ。
- 相手の信頼を得る（好印象を与える）。

　敬語は「尊敬語」「謙譲語」「丁寧語」の３つに分類できます（文化庁の「敬語の指針」では５分類ですが、本書ではもっとも一般的な３つの敬語表現を紹介します）。
尊敬語……「相手」の動作に対して使う。相手を持ち上げる。
- 元の言葉に「お（ご）〜になる」「〜される」「お〜くださる」をつける。
例：「ご利用になる（ご利用くださる）」「書かれる」「お送りくださる」

- 元の言葉を別の言葉に置き換える。
例：「（相手が）ご覧になる」「（相手が）いらっしゃる」「（相手が）おっしゃる」

謙譲語……「自分」の状態、動作に対して使う。自分の立場を低

くする。

- 元の言葉に「お（ご）〜する（いたす）」「お（ご）〜いただく」を付ける。

例：「お持ちする」「お届けする」「ご相談させていただく」

- 元の言葉を別の言葉に置き換える。

例：「（自分が）拝見する」「（自分が）うかがう」「（自分が）申し上げる」

丁寧語……語尾に「です」「ます」「ございます」をつけて、丁寧に表現する。立場の上下に関係なく使える。

例：「伝えます」「資料がございます」

敬語の位置関係

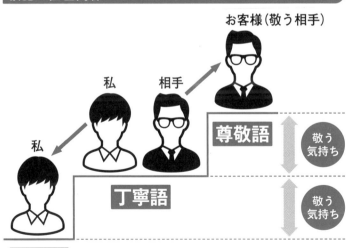

尊敬語は相手の動作に、謙譲語は自分の動作に使う

例文「×」は、相手に対して謙譲語を使った間違い例です。謙譲語は、自分の行動を相手よりも下の立場として表現します。

×「詳細は担当者に**うかがって**ください」
○「詳細は担当者にお聞きになってください」

×「弊社に**参られた**際に、ご説明します」
○「弊社にお見えになった際に、ご説明します」

×「資料を**拝受して**ください」
○「資料をお受け取りください」

×「パンフレットは**拝見**されましたか」
○「パンフレットはご覧になりましたか」

×「Aさんにはもう**お目にかかりました**か」
○「Aさんにはもう会われましたか」

×「お菓子をどうぞ**いただいて**ください」
○「お菓子をどうぞ召し上がってください」

すぐに使える敬語表現 置き換え一覧

	尊敬語	謙譲語	丁寧語
行く	いらっしゃる	参る うかがう	行きます
訪ねる	訪ねられる お訪ねになる	うかがう 参上する	訪ねます
来る	いらっしゃる お越しになる	参る うかがう	来ます
いる	いらっしゃる	おる	います
会う	会われる お会いになる	お目にかかる	会います
見る	ご覧になる	拝見する	見ます
読む	読まれる お読みになる	拝読する	読みます
聞く	お聞きになる	うかがう	聞きます
言う	おっしゃる	申す	言います
思う	思われる お思いになる	存じる	思います
知っている	ご存じ	存じている （存じ上げている）	知っています
する	なさる	いたす	します
食べる	召し上がる	いただく	食べます
受け取る	受け取られる お受け取りになる	いただく 拝受する	受け取ります

すぐに使えるビジネス慣用句 置き換え一覧

男の人、女の人、 〜会社の人	⇒	男性の方、女性の方、 ○○会社の方
すみませんが	⇒	申し訳ございませんが
どうですか	⇒	いかがでしょうか
急ぎますか	⇒	お急ぎでいらっしゃいますか
あとから知らせます	⇒	後ほどお知らせいたします
また来てくれませんか	⇒	恐れ入りますが、 またお越しいただけますか
わかりました	⇒	承知いたしました ／かしこまりました
こちらから行きます	⇒	こちらからうかがいます
どこへ行きますか	⇒	どちらへいらっしゃいますか
ちょっと聞きたいのですが	⇒	少々うかがっても よろしいでしょうか
〜してくれますか	⇒	〜していただけますか
これでいいですか	⇒	○○（具体的に）でよろしいでしょうか
（私どもが、お客様に） 何か聞いていますか	⇒	御用（御用件）を 承っておりますでしょうか
じゃあ、そうしましょう	⇒	では、そのようにいたしましょう

相手によって敬称を変える

ビジネス文書では、最初に宛名を書きます。基本の敬称は以下のとおりです。

ただし、会社によって、独自ルールを設けているケースもあります。その場合は、会社のルールに従います。

- 様→姓名につける　例：佐藤和夫様
- 殿→役職名につける　例：営業部長殿
- 御中→会社（団体）名につける　例：○△商事御中
- 御一同様→送付先が複数の人のとき　例：人事部御一同様
- 各位→同じ文書を複数の人に送るとき　例：○◇会会員各位

あいさつはやりとりの頻度や状況で変える

メールでのあいさつ文は、相手とのやりとりの頻度や状況で変えます。はじめて連絡が来た相手や久しぶりに連絡が来た人から、「お世話になっています」といったあいさつ文が来ると、「違和感や不快感を持つ」という意見も多く見られます。

基本のあいさつを覚えておきましょう。

- 社外の人に対して→「お世話になっております」
- 社内の人に対して→「おつかれさまです」
- はじめて連絡する人に対して→「はじめてご連絡差し上げます」

- 久しぶりに連絡する人に対して→「ご無沙汰しております」
- 返信するとき→「ご連絡いただき、ありがとうございます」

「社内」と「社外」の使い分けを間違えない

文書（メール）の読み手が「社内」の人なのか、「社外」の人なのかで、敬語表現が変わります。

- 社内……丁寧語（です、ます）を中心にする。
    例：△「下記のとおりご報告いたします」
    →○「下記のとおり報告します」

    ※社内メールでの「いたします」は、間違いだとは言い切れません。しかし、新社会人や敬語に慣れていない人は「社内→です、ます」「社外→いたします、ございます」と覚えておくとわかりやすいです。本書では、社内メールの場合、「いたします」は使わないようにしています。

- 社外……尊敬語、謙譲語、丁寧語を使い分ける。
    自社の上司は呼び捨て（同じ会社の人なので敬称はいらない。謙譲語を使う）
    例：×「佐藤課長がご覧になりました」
    →○「佐藤が拝見しました」

「バイト敬語」は正しい敬語に置き換える

「バイト敬語」は、敬語を使い慣れていない学生が使う「なんとなく丁寧に聞こえるけれど、違和感のある敬語表現」です。

×「こちらが提案書に**なります**」

○「こちらが提案書**です**」「こちらが提案書**でございます**」

→「〜になる」は、変化を表す言葉です。「何かが提案書に変化する」わけではないので、不要です。

×「こちらの提案書で**よろしかった**でしょうか」

○「こちらの提案書でよろしいでしょうか」

→「よろしかった」は、過去の出来事などを確認する際に用います。「これから」確認をお願いするので、不自然です。

×「提案書の**ほうを**作成いたしました」

○「提案書を作成いたしました」

→「○○のほう」は、主に方向を示すときに使う言葉です。

×「1万円**から**お預かりいたします」

○「1万円、お預かりいたします」

→「から」は『○○から××まで』といったように、範囲の起点を示すときに使います。

×「○○は本日**ご出張に行かせていただいております**」

○「○○は本日出張のため、終日不在でございます」

→出張は取引先やお客様から許可をいただくものではありません（「いただく」は「もらう」の謙譲語）。また、社内の人の出張に「ご」をつけるのは間違いです。

話し言葉

会話する際に使う言葉。
口語。
やわらかい表現や
くだけた表現が多い。

書き言葉

文章に用いる言葉。
文語。
情報を正確に伝えることを
目的とするため、
簡潔な表現になることが多い。

ビジネス文書では、「話し言葉」は使わない

　企画書、報告書、ビジネスメールでは、「話し言葉」を避けて「書き言葉」を使います。

　話し言葉を使うと、文章が稚拙になったり、冗長になったりします。

話し言葉……会話する際に使う言葉。口語。「どっち」「ちゃんと」「いろんな」「ちょっと」など。会話の中で使われるため、やわらかい表現やくだけた表現が多い。

- -

書き言葉……文章に用いる言葉。文語。「どちら」「きちんと」「いろいろ」など。情報を正確に伝えることを目的とするため、簡潔な表現になることが多い。

「話し言葉」と「書き言葉」は、無意識のうちに混同しやすいため、正しい使い分けを理解することが大切です。

「ら抜き言葉」「い抜き言葉」に気をつける

　日常会話において意識せずに使われているため、文法の間違いに気づきにくいのが、「ら抜き言葉」と「い抜き言葉」です。

「ら抜き言葉」……「ら」を抜いた言葉。

×「食べれる」→ ○「食べられる」

×「着れる」→ ○「着られる」

×「起きれない」→ ○「起きられない」

「い抜き言葉」……「い」を抜いた言葉。

×「してる」→ ○「している」

×「見てる」→ ○「見ている」

×「読んでる」→ ○「読んでいる」

「ら抜き言葉」と「い抜き言葉」は、日本語の乱れの代表格といわれています。

会話の中では自然に感じますが、文章にするとくだけた印象を与えます。ビジネス文書では、「ら」「い」を抜かないように気をつけましょう。

×NG例

「今日はいろんなことを教えていただき、ありがとうございました。失敗が多くてすいません。ちゃんと仕事を覚えていかなきゃと思ってます。いろんなことを吸収したいから、あっちの部署に着任してもご指導よろしくお願いします」

○OK例

「本日は学ぶ機会を数多くいただき、ありがとうございます。

> 失敗ばかりで○○さんにご迷惑をおかけし、申し訳ありません。
> 教わりました一つひとつをきちんと身につけて、1日も早く任せてもらえるように頑張ります。
> 着任後、部署は違っても、○○さんからさまざまなことを教わることができたら、と願っております。
> 今後もご指導よろしくお願いします」

　NG例は、「いろんな」「ちゃんと」「思ってます」など、話し言葉が多用されているため、くだけた印象です。

　OK例は、話し言葉を書き言葉に書き換えた上に、「教わりました一つひとつをきちんと身につけて、1日も早く任せてもらえるように頑張ります」と言葉を補足し、自分の考えを丁寧に説明しています。

すぐに使える「書き言葉」への置き換え一覧

話し言葉	書き言葉	話し言葉	書き言葉
すごく／とっても	とても／非常に／きわめて	もっと	さらに
すごい（感嘆）	すばらしい	やっと	ようやく
ちゃんと	きちんと／正しく	どうして／なんで	なぜ
でも	しかし／けれども	どんな	どのような
～だけど	～だが／～だけれど	いろんな	いろいろな／さまざまな
だから	そのため／したがって	じゃあ	では
～じゃない	～ではない	AとかB	AやB
いっぱい／たくさん	多く	ちっとも	少しも
やっぱり	やはり	たぶん	おそらく
こっち／そっち／あっち	こちら／そちら／あちら	だいたい	およそ／約

ネガティブ

- 否定的／ネガティブ表現

例：「○○ではない」
　　「○○しないでください」

ポジティブ

- 肯定的／前向き表現

例：「○○です」
　　「○○してください」
　　「○○する」

ネガティブ表現よりも ポジティブ表現を意識する

　伝える内容が同じでも、表現の仕方ひとつで、受け取り手の気持ちが変わります。相手に気持ちよく伝えることができれば、その後のコミュニケーションが円滑になります。

　読み手に気持ちよく伝える方法のひとつが、「ポジティブ（肯定的、前向き）表現」を使うことです。

　ポジティブの反対を意味する言葉として、「ネガティブ（否定的、後ろ向き）表現」があります。ビジネスで大切なのはスムーズなコミュニケーションです。ビジネス文書では、意識してポジティブ表現を使うようにします。

〇ポジティブ表現
「時間に余裕を持って会議に出席してください」
×ネガティブ表現
「会議には遅刻をしないでください」

「ポジティブ表現」のメリット

- 自分の気持ちが前向きになる。
- 相手の気持ちが前向きになる。やる気が起きやすい。
- 言葉の強さをやわらげることができる。

【基本】肯定文で伝える

　平叙文（事実をありのままに述べる文）には、肯定文と否定文があります。

- 肯定文……「○○です」「○○してください」「○○する」
- 否定文……「○○ではない」「○○しないでください」

　文章をポジティブ表現にする簡単な方法は、肯定文で伝えることです。肯定文で伝えると、否定文で伝えるよりも、相手は受け止めやすくなります。とくに「依頼」や「指示」をする際は、できるだけ肯定文にします。

　×「ゴミを分別せずに、そのまま捨てないでください」
　○「ゴミは正しく分別した上で、捨ててください」

　×「エレベーター内は密にならないようにしてください」
　○「エレベーター内は間隔を空けてご利用ください」

　×「9月13日以降は、企画書を受け付けません」
　○「9月12日まで、企画書を受け付けます」

　ただし、「緊急脱出の際は、荷物は一切持たないでください」「火の近くでは使わないでください」など、明確な禁止事項は、強い言葉で伝える必要があるため否定文を使います。

否定文で気をつけたいのは「二重否定文」です。2回否定することで、文意がわかりにくくなります。

　二重否定文は「否定」の「否定」ですから、「肯定」になります。ビジネスの文章では、わかりにくさを避けるため、二重否定文を控え、肯定文に置き換えます。

> ×「今回のプロジェクトが成功**しない**はずは**ありません**」
> ○「今回のプロジェクトは**成功します**」

ネガティブ表現 ➡ ポジティブ表現 置き換え一覧

ネガティブ	ポジティブ
あきっぽい	好奇心旺盛な
いいかげんな	こだわらない、おおらか
いばる	自信がある
がんこな	意志が強い
口下手な	言葉を選ぶのに慎重
けち	倹約家、節約上手
さわがしい	明るい、活発、元気
せっかちな	反応がすばやい
生意気な	度胸がある
やめたほうがいい	こうしたほうがいい
生真面目	誠実で一生懸命
ついでに	追加で
無理です	今の私にはまだスキルがありません
～よりマシ	よかった
○○するべきです	○○してください
要領がいい	センスがいい、段どりがいい
できません	いたしかねます
いません	席をはずしております
ありません	(在庫を)きらしております。○日入荷予定でございます
わかりません	わかりかねます

【応用】伝えにくいことはポジティブに書く

　仕事をしていると、ときには、「相手のほうが悪い」と思う場面にも遭遇します。しかし、腹を立てるのは禁物です。感情的にならずに、建設的に話を進めるようにします。

　なぜならば、ビジネスで、文章やメールでやりとりをする目的は、仕事を前に進めることだからです。腹を立てると仕事が停滞するばかりか、後ろに戻ってしまう（仕事が白紙になる）こともあります。

「相手が悪い」と思うと、ネガティブな表現になりがちです。

　感情的になりそうなとき、言いづらいことを伝えるときこそ、意識して、丁寧に、ポジティブに伝えるようにします。

×「メールを拝見しました。ご依頼のとおりに修正を加えて、パンフレットの部数を300冊増刷します。

ただし、**ご指定の日に納品できません。1週間ほど遅くなることをご承知おきください**」

- -

○「メールをいただきありがとうございます。

修正の件、承知いたしました。喜んでお引き受けいたします。

部数300冊増刷も、承知いたしました。

ただ、あいにくですが、印刷所が混んでいるために、ご指定の日の納品が困難です。さらに1週間ほど、お時間をいただくことは可能でしょうか？　ご検討いただけると幸いです」

「×」のメールには、お客様からメールをもらったことに対する

お礼がありません。「ご指定の日に納品できません」「ご承知おきください」は失礼な印象を与えます。

「○」のメールでは、まず、増刷は利益につながるので「喜んで」の表現を入れています。指定日に納品ができない理由を添えて、「できない」ではなく、「困難です」の表現に変えています。

さらに、クッション言葉の「あいにくですが」を添えて、やわらかい印象に。

できないことを明確に伝えるのは大切です。その際は、相手への気づかいを忘れずにポジティブな表現を使います。

謝罪、反論、依頼の際のポジティブ表現の文例

[謝罪する]
決まり文句、適切な敬語を使い、ポジティブ表現を加える。

> ×「申し訳ないです」
> ○「ご迷惑をおかけして、申し訳ございません。大変勉強になりました」
>
> ×「お詫びします」
> ○「心からお詫び申し上げます。ご指摘いただきありがとうございました」

[反論する]
まずは相手の意見を受け入れる。クッション言葉（111ページ参照）や疑問形を使い、表現をやわらげる。

×「私の意見は○○です」
○「おっしゃることはごもっともだと思います。しかしながら、△△△を踏まえると、○○○だと思われます」

×「違うと思います」
○「大変申し上げにくいのですが、△△△について、○○○ではないでしょうか」

[依頼する]

相手におうかがいを立てるフレーズや「助かります」「ありがたいです」などを使うと、ポジティブな印象に変わります。

×「時間をください」
○「○月×日まで考えるお時間をいただけませんか」

×「提出してください」
○「先日お願いしていた◇◇の書類を提出してもらえませんか」（同僚に対して使用）

×「確認をお願いします」
○「昨日お送りした見積書を確認していただけると助かります」（「ありがたいです」などでもよい）

クッション言葉でやわらげる

　伝えたい内容に入る前にひと言添えて、強さをやわらげる言葉を「クッション言葉」といいます。「相手の要望に応えられないとき」「依頼するとき」などに使います。伝えたい内容は同じでも、ひと言添えるだけで潤滑油のように働き、印象が変わります。

クッション言葉一覧

「反論」するとき
申し上げにくいのですが
出すぎたことを申しますが
差し出がましいようですが
おっしゃることはわかりますが

「依頼」「提案」するとき
恐れ入りますが
ご迷惑でなければ
お手数をおかけしますが
ご足労をおかけしますが
もし可能であれば
お願いするのは心苦しいのですが
お差支えなければ
お手すきの際に
お忙しい中、恐縮ですが

「断る」とき
せっかくですが
申し上げにくいのですが
身に余るお話ですが
誠にもったいないお話ではございますが
誠に残念ですが
あいにくですが
ご期待に沿えず申し訳ありませんが
検討を重ねたのですが

「質問」「相談」するとき
ご面倒かとは思いますが
お忙しいところ申し訳ございませんが
うかがいたいことがあるのですが
お時間をいただき恐縮ですが
よろしければ

　「依頼」「提案」のクッション言葉「お手すきの際に」は、「手が空いている時間はない」と不快に思う人もいます（65ページにNG例を掲載）。新社会人は、仕事に慣れるまでは使用を控えるのが無難です。

自分都合

- 自分らしい表現
- 自分の「年齢」「立場」に
  合わせた表現

相手都合

- 相手にとって
  わかりやすい表現
- 相手の「立場」「年代」
  「状況」「性格」「知識」に
  合わせた表現

「自分」本位ではなく、「相手」に合わせて書く

　読み手がいる文章を書く場合は、「どのような立場の人が」「どのような状況で」読むのかを意識します。

　学生時代は、多少の年齢差はあっても、ほぼ同世代とのコミュニケーションが多いものです。一方で、社会人になると、いろいろな世代の、いろいろな立場の人と、いろいろな状況でやりとりをします。

　学生時代の仲間同士であれば、自分らしさを大切にした表現が好ましいと思われたかもしれません。しかし、ビジネスシーンでは、仲間（友達）以外の人とも組んで、チームを円滑に動かしたり、仲間（友達）以外の人に対応したりする必要があります。

　したがって、「自分」よりも、「相手」を意識したコミュニケーションが求められるのです。

　たとえば、相手の理解度や、相手が持っている知識によって選ぶ言葉は変わります。共通の専門知識を持つ部内の人であれば、専門用語を使っても理解できるかもしれません。

　しかし、専門知識を持たないお客様に対しては、専門用語を使わずにわかりやすく表現したり、使う場合は補足したりする必要があります。自分が知っているからといって、相手も知っているとは限らないからです。

　ビジネスではとくに「相手都合」を意識することが大切です。

お客様にアンケートをお願いするメール

× 「メールで構いませんので、至急、添付文書のアンケートに記入して返信してください」

○ 「お忙しい中、誠に恐縮ですが、アンケートにお答えいただけませんか？

下記のとおり、内容をお伝えします。

• 内容：新製品についての選択式アンケート。全5問。

• 回答期限：○月×日　○時

回答期限まで5日しかお時間がなく大変恐縮です。

○○様のお力添えをいただけたら幸いです。

ご快諾いただけましたら、次のメールにてアンケートをお送りします。何卒ご検討くださいませ」

「×」メールの「構いませんので」は、「メールでもいいですよ」と受け手は上から目線に感じてしまいます。「至急」はあくまでも自分都合です。お客様へのお願いには不向きです。

　お願いするときは、相手に時間や労力を使ってもらうことになるので、相手都合を優先させます。

「○」メールのように「お忙しい中、誠に勝手なお願いですが」とクッション言葉を使うと、やわらかいイメージになります。

相手の「立場」「年代」「状況」「性格」「知識」

立場

　相手がお客様なのか、上司なのか、同僚なのか、立場によって使う言葉が変わってきます。相手の立場に応じた決まり文句、適切な敬語を使います。

世代

　自分が当たり前に使っている言葉でも、世代が変わると伝わりにくい場合があります。また、先輩や上司の話している言葉がわからない場合は、素直に尋ねましょう。教わる姿勢が大切です。

状況

　相手の状況はさまざまです。忙しいときに、「至急お返事をお願いします」とメールが来たらイラッとするかもしれません。

　状況に応じてクッション言葉（111ページ参照）を使います。

性格

　相手の性格を熟知し、送られてくるメールがフランクな雰囲気であれば、堅すぎないメールを送っていいケースもあります。ただし、新社会人のうちは、丁寧な文章を心がけます。

知識

　人によって理解度や持っている知識は異なります。相手に合わせた言葉選びが必要です。

余計なことまで書く

- 友人の個人情報の共有
  （体調不良で休んでいるなど）
- 不快にさせるひと言
  （別件があるのでなど）
- 自由なSNS投稿
  （アルバイト先のシフトなど）

情報の取捨選択をする

- 社内の人の個人情報は書かない
- 相手が不快感を覚える
  ひと言は書かない
- SNSに会社の情報は上げない

必要なことだけを書く。
余計なことは書かない

　コミュニケーションでは、情報を正しく、わかりやすく伝えることが大切です。しかし、わかりやすく伝えようとするあまり、つい余計な情報まで盛り込み、失敗をするケースがあります。

　何が余計な情報なのでしょうか。ここでは、大切な3つのポイントをお伝えします。

①個人情報は書かない

　社内の人のプライバシーに関わることや、ビジネスで得た個人情報は、安易に社外の人に伝えてはいけません。

②相手を不快にする、余計なひと言は書かない

　ビジネス文書では、伝える必要がある情報だけを書きます。相手を不快にすることは、余計なことととらえて書きません。

③SNSに会社の情報を上げない

　SNSへの投稿は慎重に行います。とりわけ、会社の社会的な評価に影響を及ぼす内容は、投稿しません。

「余計な情報は削る」のポイント

- 社内の人の個人情報は書かない。
- 相手が不快感を覚えるひと言を書かない。
- SNSに会社の情報を上げない。

社内の人の個人情報は書かない

　社内の人の休暇や欠席は、社外の人に対して、ぼかして伝えます。

　中でも体調不良、忌引き、有給など、休む理由は個人情報に当たるので伝えません。社員の自宅住所や電話番号、プライベートで使用している携帯電話の番号も伝えてはいけない情報です。

> ×「本日、田中は**体調不良で休んでいるので、**お問い合わせの件、確認が取れません」
> ○「本日、田中は終日不在にしています。あいにくお問い合わせの件、すぐに確認を取るのが難しい状況です」

相手が不快感を覚えるひと言を書かない

　ビジネスのアポイントメントでは「先約」が優先です。しかし、どうしても優先しなければならない案件が入ることもあります。

　その場合、ストレートに重要度を示す言葉は書きません。相手が「自分より大事な予定があるのか」と不快に感じてしまうからです。謝罪をして、自分の確認ミスであることを理由に、あらためてアポイントメントのお願いをします。このとき、新たに入ってきた用事について、明らかにする必要はありません。

> ×「**大事な予定が入ってしまったため、**○月×日の打ち合わせをリスケさせてください」

○「せっかく大切なお時間を取っていただいたのですが、先約が入っていたことに気づきました。

私の確認ミスです。大変申し訳ございません。

恐れ入りますが、日程を変更していただけませんか」

SNSに会社の情報を上げない

何気なく会社の新製品情報をアップしたことが、機密情報の漏洩につながって、解雇されることもあります。仕事に関わる個人情報をインターネット上にアップすると、個人情報の漏洩となり、損害賠償請求にもつながりかねません。

入社した以上、個人の行動は会社を代表する社員の行動とみなされる場合も多いです。会社からの指示によって業務でSNSを使う場合は、指示に従います。それ以外の、個人的に使う場合は、次のことに注意して、SNSとつきあうようにしましょう。

SNSを利用するときに注意すること

• 会社に関する情報は投稿しない。
• 会社に関わる人（社内・社外を問わず）の情報は投稿しない。
• 個人的に投稿する際に、会社のロゴ等を使わない（「会社としての投稿」と誤解されるのを防ぐため）。

第3章

ビジネスの
文章作法の
基本

基本の文章作法を覚える

　本章では、ビジネスで文章を書くときの基本の作法について説明します。

　ビジネスの文章上達に必要なのはスキルです。ここで紹介する「5つの文章作法（スキル）」を身につけると、文章が苦手な人でも、あらゆる場面でわかりやすい文章が書けるようになります。

　最初から読んでも、気になる項目から読んでも構いません。「わからない」「これでいいのかな」と思ったときに、該当するページを開いてもOKです。

　一つひとつ身につけていきましょう。

作法① 正しく伝える

　相手に誤解なく正しく伝える方法を学びます。

作法② わかりやすく伝える

　相手の時間を奪わない、わかりやすい伝え方があります。

作法③ 見た目を整えて読みやすくする

　見た目を整えるだけで、文章は読みやすくなります。

作法④ 書き方のテンプレートを持つ

　テンプレートを覚えると、文章が書きやすくなります。

作法⑤ 渡す前・送る前に必ず読み返す

　書き終わったあとの読み直しが、文章を磨きます。

作法① 正しく伝える……誤解のないように書く（→124ページへ）

元の文　明日はエレベーター前で待ち合わせお願いします。

↓

改善例　明日は13時にA社1階のエレベーター前で待ち合わせを
お願いします。

作法② わかりやすく伝える……シンプルに伝える（→146ページへ）

元の文　世界中のいたるところで、気候変動によるとても大きな
自然災害が発生している状況です。

↓

改善例　世界中で気候変動による自然災害が発生しています。

作法③ 見た目を整えて読みやすくする……見た目を意識する（→167ページへ）

元の文　きょうのよるはおおあめがふるそうです。

↓

改善例　今日の夜は大雨が降るそうです。

作法④ 書き方のテンプレートを持つ……速く書く（→181ページへ）

元の文　（書く順番として）理由→具体例→結論

↓

改善例　（書く順番として）結論→理由→具体例→結論

作法⑤ 渡す前・送る前に必ず読み返す……誤字脱字を防げる（→194ページへ）

元の文　本日は面海の字間をいただきありがとうございました。

↓

改善例　本日は面会の時間をいただきありがとうございました。

作法 ❶
正しく伝える

> **作法❶「正しく伝える」文章術のポイント！**
> ①なくても意味が通じる言葉を削る。
> ②「正確さ」こそ文章の基本。
> ③接続助詞の「が」は逆接のときだけ使う。
> ④「こそあど」を多用しない。
> ⑤形容詞や副詞は数字に置き換える。
> ⑥根拠を示して説得力を高める。
> ⑦イメージの共有を意識する。

　ビジネスで文書をやりとりする際は、相手に「正しく伝える」必要があります。「正しく伝える」とはどういうことでしょうか。

　自分の伝えたい内容が、過不足なく、あいまいさがなく、伝えたい人に伝わったときに、「正しく伝えた」といえます。

　一方的に自分が伝えたいことを書いただけでは、正しく伝えたことにはなりません。ビジネスでは、情報が誤って伝わると、相手に迷惑をかけるだけでなく、所属する会社に損害を与えることになりかねません。ポイントを押さえ、正しく伝えましょう。

シチュエーション

先輩とA社を訪問することになり、待ち合わせの件で、メールを送りました。

元の文章

> どこのエレベーターホール？
> うちの会社の？

> 「ぎりぎり」って
> 何時？

明日のA社への訪問の件、**エレベーターホール**での待ち合わせでどうでしょうか？　直前に会議があるため、**ぎりぎりに**なってしまうかもしれません。もし遅れそうな場合は**すぐに**連絡をします。荷物も**たくさん**あるので、準備しっかりしておきます。

> 「たくさん」って
> 何がどれくらい？

> 「すぐに」って
> 何時までに？

改善例

明日のA社様への訪問、よろしくお願いします。待ち合わせはご連絡のとおり、午前11時にA社様1階エレベーターホールにていかがでしょうか。申し訳ありませんが、会議があるため、直前の10時55分の到着になりそうです。

もしも遅れる場合は、10時50分までにご連絡します。

なお、持ち物は、A社様にお渡しする新製品のパンフレット20部と提案書5部（A社分2部、弊社分2部、予備1部）を用意していきます。すでに準備は済んでいます。

改善のポイント

①待ち合わせ場所や時間は誤解が生じないように具体的に書く。

②「すぐに」「ぎりぎり」「たくさん」など人によって受け取り方が変わる語は、内容を具体的（「何が」「いくつ」など）に示す。

① なくても意味が通じる 言葉を削る

　文章の内容を伝わりやすくする方法のひとつが、シンプルに書くことです。「シンプルに書く」ためには、なくても意味が通じる言葉を削っていきます。

　シンプルに書いて言葉のムダをなくすと、なぜ伝わりやすくなるのでしょうか。ひとつは、読み手の負担が減るから。もうひとつは、次の2つの理由から書き手の主張が明確になるためです。

①主語と述語が近くなることによって事実関係がはっきりする。
②「短い文章で正しく伝える」という意識が高まるために、書き手が「もっとも適した言葉」を選ぶようになる。

● 主語……「何が」「誰が」に当たる言葉のこと。
● 述語……「どうした」「どうする」に当たる言葉のこと。

元の文章

　株式や投資信託などの金融商品に投資<u>をしたりする</u>と、売却して得た利益や受け取った配当に対し<u>約20％程度</u>の税金がかかります。

　<ruby>NISA<rt>ニーサ</rt></ruby><u>という</u>制度は、「NISA口座」内で、毎年一定金額の範囲内で購入した金融商品から得られる利益が、5年間非課税になる制度です。

改善例

　株式や投資信託などの金融商品に投資をすると、売却して得た利益や受け取った配当に対し約20％の税金がかかります。

　NISAは、「NISA口座」内で購入した金融商品から得られる利益が、非課税になる制度です。毎年一定金額の範囲内での購入に限ります。非課税期間は5年間です。

※2022年10月現在

- 「たり」は通常、「貯金をしたり、投資をしたり」と複数の状態を並列して書くときに使います。ここは、「投資」だけのため必要がないので削除します。
- 「約」と「程度」は意味が重複しているので、どちらかを削ります。ここでは「程度」を削りました。
- 「という」に意味はなく、まわりくどい表現なので削ります。
- わかりやすくするために、後半の文章を3つに分けました。

削りやすい7つの言葉

削りやすい言葉の候補を挙げます。

❶接続詞……「そして」「それゆえ」「だから」「したがって」など

元の文章　トマトはおいしい。だから、毎日食べたい。

改善例　トマトはおいしい。毎日食べたい。

2主語……「私は」「彼が」など

元の文章　私は今から出張です。**私は**新潟に行ってきます。

改善例　私は今から出張です。新潟に行ってきます。

3指示語……「その」「それ」「これ」など

元の文章　新しい製品を紹介します。**それは**、高性能の濾過器です。

改善例　新しい製品を紹介します。高性能の濾過器です。

4形容詞……「高い」「美しい」「大きい」「嬉しい」など

元の文　窓の外を見ると、**高い**山々がそびえていました。

改善例　窓の外を見ると、山々がそびえていました。

5副詞……「とても」「非常に」「すごく」「かなり」など

元の文　今回の展示品は**非常に**バラエティーに富んでいる。

改善例　今回の展示品はバラエティーに富んでいる。

6ぼかし・まわりくどい表現……「など」「といった」「とか」「（私）的には」など（まわりくどい表現は157ページで解説）

元の文　貴社のイベントに参加**とか**してみたいです。

改善例　貴社のイベントに参加したいです。

7意味が重複する言葉（重複表現）……別表

元の文　会場で**思いがけない**ハプニングが起きた。

> **改善例** 会場でハプニングが起きた。

ビジネスで使いがちな二重表現

二重表現	削った表現	二重表現	削った表現
あとで後悔する	後悔する	正念場の局面	局面／正念場
アメリカへ渡米	渡米	製造メーカー	メーカー
あらかじめ予定する	予定する	受注を受ける	受注する
一番ベスト	ベスト	従来から	従来／前から
一番最初	最初	従来までの	従来の／今までの
今現在	現在	慎重に熟慮する	熟慮する
いまだに未納	未納	尽力を尽くす	尽力する／尽くす
色が変色する	変色する	そもそもの発端	発端は……
後ろへバックする	バックする	多額の巨費	巨費
炎天下の中	炎天下	内定が決まる	内定する
お金を入金する	入金する	捺印を押す	捺印する
お歳暮の贈り物	お歳暮	年内中に	年内に
加工を加える	加工する	水が増水する	増水する
かねてからの懸案	懸案	はっきり断言	断言する
過信しすぎる	過信する	思いがけないハプニング	ハプニング
過半数を超える	過半数に達する	引き続き継続する	継続する
各グループごとに	各グループ／グループごとに	まず最初に	最初に
元旦の朝	元旦	まだ時期尚早	時期尚早
期待して待つ	期待する	まだ未解決	未解決
挙式を挙げる	式を挙げる	まだ未完成	未完成
最後の切り札	切り札	まだ未定	未定
最後の追い込み	追い込み	約100人くらい	約100人
〜様各位	各位	予期しない不測の事態	不測の事態

　ほとんど同じ意味の言葉が重複していることを「重複表現」といいます。

　重複表現は、すべてがいけないわけではありません。たとえば、話し言葉では「あとで後悔することになる」「一番最初」などは、使っても構わないとする意見もあります。

　ただしビジネス文書は、「シンプルに書く」が基本です。重複表現になっていたら、削るか、ほかの言葉への書き換えを検討します。

1文を60文字以内にする

正確に伝えることが重視されるビジネス文書では、「1文は短く」が基本です。

筆者は「1文の長さの目安＝60文字以内」を推奨しています。

元の文章

クッション言葉とは、相手に**対して何か**を依頼したり、断**ったり**、相談**したりする**ときで、とくにそのまま伝え**てしま**う**と、とても**きつい印象**を与えたり**、不快感を与えてしまう恐れがある場合に、本題の前に前置きとして、添えて使う言葉**のこと**です。**（114文字）**

- -

改善例

クッション言葉は、相手への「依頼」「断り」「相談」の際に、本題に添える言葉です。**（40文字）**

そのまま伝えると、きつい印象や不快感を与える恐れがある場合に、前置きとして使います。**（42文字）**

文章が長いため、まずは文章を2つに分けました。

アンダーラインの部分を削り、すっきりさせました。

1文にあれもこれも盛り込まない

ワンセンテス・ワンメッセージを心がけると文は短くなります。センテンスは文のことです。ひとつの文にひとつの内容を入れると、読み手が一読で理解できる文章になります。

元の文章

弊社では、円高による製造コストの高騰を吸収するべく企業努力を重ねてまいった**ところですが**、企業努力では吸収しきれない、大変厳しい状況となっている**ため**、誠に不本意ではございますが、以下のとおり、商品価格を改定させていただくことになりました。

改善例

弊社では、円高による製造コストの高騰を吸収するべく企業努力を重ねてまいりました。

しかし、企業努力では吸収しきれない、大変厳しい状況となっております。

誠に不本意ながら、以下のとおり、商品価格を改定させていただくことになりました。

改善例では文を3つに分け、ワンセンテス・ワンメッセージで表現しています（企業努力を重ねたこと、厳しい状況にいること、商品価格を改定すること）。

②「正確さ」こそ文章の基本

　文章の基本的な働きは、「伝えること」です。相手に伝わってはじめて、「文章が役割を果たした」ことになります。

　相手に伝わるよう「正確でわかりやすく書く」必要があります。

　とくにビジネス文書では、美しさや歯切れのよさよりも、正確さ、わかりやすさが重視されます。表現が多少稚拙であっても、相手に伝わることが重要です。そのためには、「誤解なく伝わる」「必要な情報がすべて書かれている」文章にします。

元の文
今日の会議の司会者は課長のように早口では話せない。

- -

改善例❶
今日の会議の司会者は、課長と同じように、早口では話せない。

改善例❷
今日の会議の司会者は、課長が話すようには、早口では話せない。

　元の文では、「課長が早口で話せる」かどうかがはっきりません。仮に、「司会も課長も２人とも早口では話せない」のであれば、改善例❶のようにします。

「課長は早口で話せるが、司会は課長が話すようには話せない」
場合は改善例❷のように修正します。

情報のヌケやモレをなくす

　毎日、多くのメールや文書をやりとりしていると、ヌケやモレ
が生じるケースも少なくありません。社内の忘年会の案内として、
下記の内容が届いたら、どうでしょうか。

忘年会を下記のとおり開催します。今回もゲームや催しを多
数企画しております。皆様の参加をお待ちしています。

記

日時：令和○○年12月○日（金）

場所：○○ホール4階　大広間

住所：○○市○○町1-1-1（下記URLにてご確認ください）
　　　www.○○○.com

会費：○○○円

担当：総務部　○○○○　内線○○○○

この案内文では、「開催時間」が抜けています。

　文章中にヌケやモレがあると、相手は混乱し、配信元に確認す
る手間もかかります。ヌケに気づかないでいると、相手から問い
合わせメールが何通も届き、自分の仕事にも支障が出ます。

　社内外に文書を送る場合は、送る前に、上司に確認してもらっ
たり、事前に推敲したりして、ヌケやモレを防ぎましょう（推敲
については198ページ参照）。

文章のルールを守る

　ビジネスで求められる文章力は、才能やセンスではなく、誰もが身につけられる「スキル」です。スキルを身につけるには、文章の基本ルールを覚えることです。本書で紹介する文章のルールを守るだけでも、正確でわかりやすい文章が書けます。

元の文章

　文章力とは伝えたいことを**性格**にわかりやすく文章にする能力のこと**です**企業取材の際、マネジメント層に、ビジネスの現場で、**ぶんしょうりょく**は必要だと思いますかと質問をさせていただくことがあります。必要ではないと答えた方は**ぜろ**でした（「必要である」が100%）。

改善例

　文章力とは、
「伝えたいことを、正確に、わかりやすく文章にする能力」
　のことです。
　企業取材の際、マネジメント層に、
「ビジネスの現場で、文章力は必要だと思いますか?」
　と質問をさせていただくことがあります。
「必要ではない」と答えた方は、ゼロでした（「必要である」が100%）。

『文章力が、最強の武器である。』（藤吉豊／SBクリエイティ

ブ）より引用

　元の文章は、以下の文章の基本ルールを守っていないため、読みにくく、わかりにくい文章になっています。

- 同音異義語（「正確」「性格」）を的確に使う（200ページ参照）。
- 段落のはじめは1文字下げる（171ページ参照）。
- 文章の切れ目には、句読点（くとうてん）をつける（175ページ参照）。
- 「文章力」「ぶんしょうりょく」の表記を統一する（161ページ参照）。
- すでに定着している外来語（ゼロ）は、カタカナに変える（カタカナの使い方は160ページ参照）。
- 「ぶんしょうりょく」は常用漢字なので漢字で表記する。

「常用漢字」とは

　常用漢字とは、現代の国語を書き表す場合の漢字使用の「目安」として、内閣が告示している「常用漢字表」に出ている漢字のことです。

　常用漢字は、ほとんどを中学3年生までに習います。多くの人が読む文章では、多くの人が理解できるように「中学生でもわかる漢字」を使うのが基本です（153ページ参照）。

③接続助詞の「が」は 逆接のときだけ使う

「が」は、多くの文章術の本で、「使用する際に注意が必要」と指摘されています。「が」にはおもに3つの使い方があります。

①主語を表す格助詞

「鳥が飛んでいます」

②逆接（接続詞「しかし」と同じ用法）を示す接続助詞

「明日の予定はいっぱいですが、なんとか時間をつくりましょう」

③単純接続（文と文を単純につなげる）を示す接続助詞

「社員食堂のメニューは豊富ですが、どれもおいしいです」

とくに注意が必要なのは、③の単純接続を示す「が」です。「文と文を単純につなげる」強い働きがあるので、前後のつながりがない文でもくっつけてしまうためです。

文例❶ 逆接

現状の課題を話し合いましたが、建設的意見は出ませんでした。

文例❷ 単純接続

現状の課題を話し合いましたが、多くの意見が出ました。

　文例❶は逆接の用法で、「が」は「しかし」の意味を含みます。文例❷は単純接続の用法で、「現状の課題を話し合いました」「多くの意見が出ました」という２つの事実をつなげているだけです。「が」より前の文章が同じでも、「が」の役割は違います。

「が」は「しかし」の意味を含むため、読み手は「が」が来ると「逆接」を予測します。単純接続だった場合、読み手は予測どおりではないので、一瞬、違和感を覚える場合があります。できるだけ単純接続の使用は控えます。

元の文

資料を送信します**が**、お目通しをお願いします。

....

改善例❶

資料を送信します。お目通しをお願いします。

改善例❷

資料をお送りします**ので**、お目通しをお願いします。

　改善例❶では、「が」を削って、文を２つに分けました。単純接続の「が」は、削っても意味が変わらないからです。

　改善例❷では、「が」を理由や根拠を示す接続助詞「ので」に変えて、読み手の予測が限定されるようにしました。

「が」を無意識に使っていると、論理が破綻したり、読み手を混乱させることにつながります。ビジネス文書では、接続助詞の「が」は、逆接のときに使うように意識しましょう。

④「こそあど」を多用しない

　多用しないほうがいい言葉に、「こそあど」言葉があります。「こそあど」言葉とは、「この」「その」「あれ」「どれ」などのように、物事を指し示す言葉のことで、指示語ともいわれます。

　「こそあど」言葉は、直前の語句や文を示します。しかし、抽象的な表現であるため、指示する候補が複数あると、どれを指しているのかがわかりにくくなります。

元の文章

改札を出たら正面の通り（○○通り）を左に進んでください。**そこを**100メートルほど歩くと、左手に黒い10階建てのビルがあります。**それを**通り越したら左折してください。**そこの**左手の2軒目の建物が弊社です。

改善例

改札を出たら正面の通り（○○通り）を左に進んでください。100メートルほど歩くと、左手に黒い10階建てのビルがあります。**ビルを**通り越したら、左折してください。左手の2軒目の建物が弊社です。

　元の文章内の指示語をすべてはずしても意味が通じます。文章もすっきりしました。指示語があると、何を指すのか確認するた

めに前の文章に戻らなければならない場合もあり、読み手の負担になります。

　余計な指示語を削除すると、文章がすっきりして正確に伝わります。

元の文章

先日お送りした作業指示書には、出荷予定日も明記しています。必ず**それに**間に合わせてください。

改善例

先日お送りした作業指示書には、出荷予定日も明記しています。必ず出荷予定日に間に合わせてください。

　より丁寧な説明が必要な場合は、上記の改善例のように指示語を使わずに、指し示す言葉を再度書き記し、間違いのないようにします。

こそあど言葉の一覧

	事物	指示	場所	様子
こ	これ	この	ここ	こんな
そ	それ	その	そこ	そんな
あ	あれ	あの	あそこ	あんな
ど	どれ	どの	どこ	どんな

⑤形容詞や副詞は 数字に置き換える

　よく使われる修飾語の品詞に、「形容詞」「形容動詞」「副詞」が あります。

- 形容詞……名詞や代名詞を修飾する。「い」で終わる。
　　例：「白い鳥」「きれいな水」
- 形容動詞……人や物の性質、状態などを表す。「だ」で終わる。
　　例：「風が穏やかだ」「外が静かだ」
- 副詞……おもに動詞、形容詞、形容動詞を修飾する。
　　例：「速く歩く」（動詞を修飾）
　　　　「かなり忙しい」（形容詞を修飾）
　　　　「本当ににぎやかだ」（形容動詞を修飾）

　形容詞、形容動詞、副詞は、言葉を受け取る人によって解釈に 幅が出ます。プライベートであれば、問題のない言葉であっても、 ビジネスの場で使うと、混乱をきたす恐れがあります。

　できるだけ、誰が読んでも同じ意味に受け取れる表現（＝「数 字」）に置き換えます。

　とりわけ、「とても」「大変」「だいぶ」「少し」「いい」「すぐに」 「ちょっと」「なるはや（「なるべく早く」の略）」などは、注意が 必要です。

> **元の文章**
> **かんたんな**企画書をつくってください。**なるべく早く**仕上げ
> ていただけますか。
>
> ---
>
> **改善例**
> A4サイズの横書きで1ページの企画書をつくってください。
> 10月13日午前中に仕上げていただけますか。

　元の文章のように「かんたんな企画書」と指示されても、「かん
たんな」のイメージは人それぞれです。1ページの企画書を想像
する人もいれば、「3ページくらいかな」と思う人もいます。「な
るべく早く」も、人によって想像する時間は違います。
「10月13日午前中」と入れれば、受け手が誰であっても「10月13
日午前中」をイメージします。
　次のような短いやりとりをする際も、「数字化」します。

> ×「今、**少々**お時間をいただけますか」
> ○「今**5分**だけ、お時間をいただけますか」
>
> ---
>
> ×「**あとで**かけ直しいたします」
> ○「**10分**で駅に到着します。着いたらかけ直しいたします」

⑥根拠を示して 説得力を高める

　正確で論理的な文章に欠かせないのは、「根拠」です。論理的とは、「理屈が合っている」ことで、根拠とは「主張のよりどころや支えとなるもの」のことです。

　何かを主張するときは根拠を添えます。根拠が強いと説得力が高まります。

元の文
手に入れたい**資料**がいろいろあるので、資料購入の予算を増やしていただけませんか。

....

改善例
受注した案件の商品開発が始まります。物価が３％上がり、昨年までの予算では、開発に必要な資料が揃えられません。資料購入の予算を増やしていただけませんか。

　元の文で挙げられている理由は「手に入れたい資料がある」だけです。個人的に入手したいともとれる、あいまいな根拠です。

　改善例では、「開発が始まること（ビジネスに関わること）」「物価が３％上がり」「必要な資料が揃えられない」などの根拠が示されています。根拠が強くなっているため、**元の文**よりも説得力が高まっています。

根拠の示し方の例

①研究、調査結果をデータ（数字）で示す

　○○大学の研究によると、睡眠を○時間取った人の60％は記憶の定着率が高まった。

②専門家や専門の研究機関の見解を紹介する

　脳科学の専門家である○○教授は、「睡眠中に出るホルモンと記憶の相関関係は明らか」と述べている。

③自分の体験を述べる

　夜、○時間眠ると、朝すっきりして、勉強がはかどる。

④実績のある著名人の事例を紹介する

　YouTuberの○○さんは、「効率的に仕事をするために、どんなに忙しくても睡眠を○時間取っている」という。

⑤資料（本など）から引用する

「○○時間の睡眠を取る人は睡眠不足の人に比べて、○○の資格に合格する率が高い」（◇◇著／○○出版）

　誰もが事実と認識している場合、根拠を書く必要はありません。自分の意見を述べたり、提案したりするときには、根拠を示します。すると、説得力が高まります。

⑦イメージの共有を 意識する

　情報を間違いのないように正確に伝えるには、自分が伝えたいイメージ（物事について抱く情景、認識）と読み手のイメージを一致させることです。

　とくビジネスでは、誰が読んでも共通のイメージを持つように書きます。

元の文章

会場は**多くの**来場者でごった返していました。来場者は**いくつもの袋**を手に持っていました。

....

改善例

会場には**500名ほど**の来場者がいました。来場者は**各出展者が配布している、サンプル入りの手提げ袋を4、5袋**持っていました。

　元の文章では、「多くの」という言葉が使われています。「多くの」は、人によってイメージする人数が違います。意味に幅が出る言葉は、誰もが同じイメージを持てるように数字化します（140ページ参照）。

　「いくつもの袋」についても、人によってイメージする数も袋の形状も異なります。あいまいな表現を避けて、できるだけ「正確

に」（具体的に）書くようにします。

元の文章

このたびは○○ウエアをご利用いただき誠にありがとうございます。<u>**返品をご希望の商品**</u>が到着し、返品が確定しましたのでお知らせいたします。

改善例

このたびは○○ウエアをご利用いただき誠にありがとうございます。下記につきまして、返品が確定しましたのでご確認ください。

■ご注文番号：××××
■ご返品商品：ストライプトップス　１点

　上記の２つの例は、返品受領のお知らせです。**元の文章**には、具体的な「注文番号」や「返品の商品名」が抜けています。

　同一人物から複数の返品があった場合に、いつの、どの返品の商品かわからなくなります。ビジネス文書では、とくに商品の受領が関わるときは、「具体的」を心がけましょう。

作法 ②

わかりやすく伝える

作法②「わかりやすく伝える」文章術のポイント！

①修飾語を調整すると文意が伝わりやすい。

②修飾語は飾りたい語句の近くに置く。

③わかりやすい言葉を使う。

④カタカナ語を乱用しない。

⑤表記統一で「安心感」を与える。

⑥主語と述語を対応させる。

　伝える内容がいくら正確であっても、余計な情報が入っていたり、修飾語をいいかげんな位置に置いたりすると、途端にわかりにくい文章になります。

　わかりにくい文章は、理解するのに時間がかかるため、読み手の時間を奪うことにつながります。

　わかりにくい文章は、誤解の元にもなります。

　では、わかりやすい文章とはなんでしょうか。

　本書では「わかりやすい文章とは、日常的な言葉を使った、中学生でも理解できる文章」と定義します。

先輩に資料の確認をお願いするメールを送りたいとき。

元の文章

> 「纏める」は常用漢字ではない。読めない場合も

ご確認いただきたい資料を**纏めてお送りします**。お客様の心配を**払拭すべく**新規提案を一覧にした資料もあります。

確認の順番は、決まっていませんが、できたものから**可及的速やかにおおくりください**。期限は○月×日正午です。

また、次回の**アジェンダ**を**シェア**しますので、ご確認のほどよろしくお願いします。

> 「お送り」（1行目）と表記の統一ができていないため、稚拙な印象に

> カタカナ語は、人によって意味がわからない場合もある

- - - - -

改善例

ご確認いただきたい資料をまとめてお送りします。お客様の心配を取り除くべく新規提案を一覧にした資料もあります。

確認の順番は、決まっていませんが、できたものからできるだけ早くお送りください。期限は○月×日正午です。

また、次回の会議の予定を共有しますので、ご確認のほどよろしくお願いします。

改善のポイント

①「纏めて」「払拭」「可及的速やかに」など、難しい漢字や言葉は使用を避ける（153ページ参照）。

②表記はできるだけ統一する（161ページ参照）。

③カタカナ語は乱用を控える（159ページ参照）。

①修飾語を調整すると
文意が伝わりやすい

　修飾語は、ほかの語句を飾る言葉です。主語や述語の内容を補強したり、詳しく説明したりします。

> 美しい人・目立つ車・新しい製品・忙しい上司

　色字の語句が、修飾語です。

　ビジネスで使う文章は、「文を飾らない」「不要な修飾語は削る」ことが推奨されます。シンプルでわかりやすくなるためです。

　また、修飾語を間違えて使うと、文意（内容）が正しく伝わらないケースもあります。

　しかし、修飾語がほかの言葉の内容を補足したり、説明したりするケースは多いため、まったく使わないわけにはいきません。適切な位置や使い方のルールがありますので、マスターしておきましょう。

【修飾語のルール】

- 修飾語は「飾りたい語句の近く」に置く。
- 「長い修飾語は遠くに、短い修飾語は近く」に置く。
- 「大きな分類」が先、「小さな分類」はあと。

②修飾語は飾りたい 語句の近くに置く

1つめのポイントは、「修飾語は飾りたい語句の近くに置く」です。

元の文

> どちらを修飾しているのか、わかりにくい

一昨日クライアントに送信したメールにファイルの添付モレ

があったことがわかりました。

改善例❶

クライアントに一昨日送信したメールにファイルの添付モレがあったことがわかりました。

改善例❷

クライアントに送信したメールにファイルの添付モレがあったことが一昨日わかりました。

元の文では、「一昨日」が「送信した」にかかっているのか、「わかりました」にかかっているのか、不明です。

送信したのが、「一昨日」であれば、改善例❶のように「送信した」の近くに置きます。

送信モレに気づいたのが「一昨日」であれば、改善例❷のよう

に、「わかりました」の近くに置きます。

　飾りたい語の近くに置くだけで、どの語にかかっているかがはっきりします。

　頭に浮かんだ順に書くのではなく、修飾語がどの言葉を飾っているかを意識して文を書くことが大切です。

　頭に浮かんだ順に書いた場合は、読み直して、修飾語の位置が正しいかを確認します。

長い修飾語は遠くに、短い修飾語は近くに

　修飾する語句が複数ある場合は、「長い修飾語は遠く」に、「短い修飾語は近く」に置きます。

元の文

<u>パリで描かれた</u><u>レストランに飾られていた</u>絵画。
　↑短い修飾語　　↑長い修飾語　　　　　　　↑被修飾語

- -

改善例❶

<u>レストランに飾られていた</u><u>パリで描かれた</u>絵画。
　↑長い修飾語　　　　　　　↑短い修飾語　↑被修飾語

改善例❷

レストランに飾られていた（12文字）、パリで描かれた（7文字）絵画。

改善例❸

レストランに絵が飾られていた。パリで描かれたものだった。

　元の文は、そのまま読むと、「パリで描かれたレストラン（の絵）の中に飾られた絵画」となり、何を言いたいのかが、わかりにくくなっています。

　改善例❶では、「レストランに飾られていた（12文字）」も「パリで描かれた（7文字）」も「絵画」にかかる修飾語と捉えて、短い修飾語を「絵画」（被修飾語、修飾される語）の近くに置きました。

　修飾語の位置を変えただけでもわかりやすくなります。

　改善例❷では、読点（テン）で文を分けました。

　さらに、改善例❸では、句点（マル）によって、2つの文にしました。

　修飾語や句が長いときには、「読点を打つ」、あるいは「句点で文を分ける」と、内容が頭に入ってきやすくなります。

「大きな分類」が先、「小さい分類」はあと

　修飾語が複数あり、分類のレベルの違うものが並ぶ場合は、「大きなもの」から、徐々に「小さいもの」へと書いていくのが、わかりやすくするポイントです。

　たとえば、「日本」「東京」「世界」という3つの言葉が出てきたとき、分類のレベル（規模など）は「世界」がもっとも大きくなります。

世界　　　＞　　　日本　　　＞東京

　そのため、「世界」から最初に述べます。

元の文章

日本では物価が上がり続けていますが、**世界的な**景気後退も懸念されています。一方で、**日本では**訪日外国人の受け入れが再開し、**東京の**百貨店業界では、動向が注目されています。

・・・・・・・・・・・・・・・・・・・・・・・・・・・・・・・・・・・・・・

改善例

世界的な景気後退が懸念され、日本でも物価が上がり続けています。一方、訪日外国人の受け入れが再開し、東京では、百貨店業界の動向が注目されています。

　元の文章では、「日本→世界→日本→東京」の順に文章が移ります。読み手は分類レベルの真ん中のものから、大きくなったり、戻ったりするので混乱します。改善例のように「世界→日本→東京」と移っていくと、読み手の頭が整理されやすくなります。

③わかりやすい言葉を使う

　文章は、わかりやすい言葉で書くことが大切です。わかりやすい言葉を選んで使うと、読み手の頭の中にすんなりと入ります。読むのに時間がかかりません。わかりにくいと、読み解くのが負担になり、相手の時間を奪うことになりかねません。

　わかりやすい言葉とは、

「中学生でもわかる言葉（単語）」

「日常的に使われている言葉」

　のことです。新聞では「中学生でもわかるように書く」ことが記事の目安になっています。中学生を目安にしているのは、中学校までが義務教育だからです。中学校までに習った知識を持っていると想定し、中学校までに習った言葉を使って文章を書くと、多くの人にとってわかりやすくなります。

「この言葉は中学生でもわかるかな？」

「この内容をわかりやすく伝えるにはどうしたらいいのだろう」

　と迷ったときには、中学生向け、あるいは高校生向けの国語辞典が参考になります。大人向けの国語辞典よりも、わかりやすい言葉を使い、かみ砕いて説明しています。

　一般の人に向けてわかりやすく書くには、難しい言葉や専門用語を使わないのが基本です。

難しい言葉はわかりやすい言葉に置き換える

　広く一般の人に向けて文章を書くときには、難しい言葉は使わず、できるだけわかりやすい言葉に置き換えます。

元の文
クライアントの**懸念**を**払拭すべく**、**可及的速やかに**策を講じ、**履行**してください。

改善例
クライアントの心配を取り除くように、できるだけ早く対策を立てて実施してください。

　元の文では、「懸念」「払拭」「すべく」「可及的速やかに」「策を講じる」「履行」などの難しい言い回しが使われています。

　改善例では、多くの人に伝わるように、わかりやすい言葉に変えています。わかりやすい言葉か難しい言葉かは、常用漢字一覧（文化庁のホームページに記載）に使われている漢字が掲載されているかどうかが、ひとつの目安になります。また、常用漢字であっても、「日常的に使わない言葉」は、わかりやすい言葉に置き換えます。

　次のページにビジネスで使われがちな難しい言葉を一覧にしましたので、参考にしてください。

　ほかにも、置き換える言葉を探したいときは、類語辞典（同じような意味を持つ言葉をまとめた辞典）を見るといいでしょう。

難しい言葉の候補と置き換え例

難しい言葉	置き換え例
遺憾である	残念である、申し訳がない
いかんを問わず	どのような〜でも
一括して	まとめて
鋭意	精一杯
可及的速やかに	できるだけ早く
勘案して	考慮して
喫緊の	差し迫って重要な
〜に鑑みて	〜に照らし合わせて
疑義	疑問、問題
危惧	心配、不安
寄与する	役立つ
忌憚のない	率直な
顕著に	著しく
暫時	しばらくの間
資する	役立てる、助けとする
諸般	さまざまな
従前の	これまでの
遵守する	守る
〜すべく	〜するように
整合性を図る	矛盾がないようにする
逐次	順次
抵触する	触れる
踏襲する	そのまま受け継ぐ
特段の	特別の
甚だ	非常に、大変
払拭する	取り除く
補填する	補う
履行する	実施する

専門用語には説明を加える

　社会人になると、入社した会社の事業分野の専門知識を学んでいきます。自（おの）ずと専門用語も身につけることになります。

　なじんでくると、その専門用語が「誰にでもわかる言葉」だと錯覚してしまう恐れがあります。

　文章を書く際には、「自分が知っている言葉を誰もが知っているわけではない」と認識する必要があります。

　専門用語を使うのであれば、説明を加えたり、わかりやすい言葉に書き換えたりします。

元の文
原稿に**赤字**があれば、**入れて**ください。

- -

改善例❶
原稿に赤字（加筆、訂正）があれば、入れてください。
改善例❷
原稿に直したいところや、加筆したいところがあれば、訂正してください。

　例は、出版業界でよく使われる文です。

　元の文の「赤字を入れる」は一般の人にはなじみのない専門用語（業界用語）です。できあがった原稿に間違いがないか読み直すときに、赤い色の筆記具で訂正や加筆をするため「赤字を入れる」といいます。

　改善例❶では、専門用語を生かし、説明を加えました。

改善例❷では、専門用語を一般の人でもわかる言葉に書き換えて説明しています。

業界の中だけで使い、読み手が専門用語の意味がわかっていることが明らかな場合は、説明を加えたり、やさしい言葉に書き換える必要はありません。業界内でやさしい言葉に書き換えてしまうと、逆に稚拙な印象を与えかねませんので注意します。

まわりくどい表現は文意をあいまいにする

「するということ」「として」「するようにします」といったまわりくどい表現は、冗長な印象を与え、文意をあいまいにします。
まわりくどい表現は、削って簡潔な文にするとわかりやすくなります。

元の文
コスト削減**をするということ**が必要**だと思われます**。

改善例
コスト削減が必要です。

改善例では、「をするということ」「だと思われます」を削りました。意味が変わらず、文がすっきりしました。
日本にはもともと、表現をあいまいにする文化があります。また、文の内容に自信がないと、間接的で、まわりくどい表現になってしまう場合もあります。

しかし、ビジネスで文章をやりとりする際は、わかりやすさや正確さが重視されますので、あいまいな表現、まわりくどい表現は避けます。

まわりくどい表現を簡潔にする例

元の表現	商品が売れるわけです。
簡潔な書き換え	商品が売れます。

元の表現	取り寄せることができます。
簡潔な書き換え	取り寄せできます。

元の表現	受けることができない。
簡潔な書き換え	受けられない。

元の表現	今後、遅刻はしないようにします。
簡潔な書き換え	今後、遅刻はしません。

元の表現	日報を書くようにします。
簡潔な書き換え	日報を書きます。

元の表現	解説していきます。
簡潔な書き換え	解説します。

元の表現	どういうふうに言えばいいでしょうか。
簡潔な書き換え	どう言えばいいでしょうか。

元の表現	私的に同意できません。
簡潔な書き換え	私は同意できません。

元の表現	一方においては、
簡潔な書き換え	一方、

元の表現	その結果として、
簡潔な書き換え	その結果、

元の表現	延期するということはできません。
簡潔な書き換え	延期できません。

元の表現	奇跡が起きたと言わざるを得ない状態になっていくでしょう。
簡潔な書き換え	奇跡が起きるでしょう。

④カタカナ語を乱用しない

　カタカナ語とは、カタカナで表記される言葉のことです。すでに日本の生活に根づいている外来語（おもに欧米諸国から入ってきた語）も含まれます。カタカナ語の中で、自然な日本語にできる言葉は、なるべく日本語に置き換えます。

　文化庁の調査によると、「言葉や言葉の使い方について社会全般で課題があると思うか」という質問に「あると思う」と答えた人は84.6％。そのうち、42.3％の人は「外来語・外国語などが使われ過ぎている」と回答しました（令和3年度「国語に関する世論調査」）。「カタカナ語はわかりにくい」と考えている人は少なくありません。

　文章中に意味のわからないカタカナ語が出てくると、読み進められなくなります。また、カタカナ語は、日本語で示すよりも、ひとつの単語の文字数が多くなりがちです。

元の文

倉庫の<u>アーカイブ</u>の整理を<u>アウトソーシング</u>する件、<u>ペンディング</u>にしてください。

改善例

倉庫の保管資料の整理を外注する件、保留にしてください。

元の文では、カタカナ語が多く一読しただけではわかりにくくなっています。改善例のように日本語に直すと、文字数も減り、すっきりします。

　カタカナ語を使う場合、次の3点に注意します。
①すでに日常でよく使われている（定着している）外来語（ドリンク、バッグなど）以外は、できるだけ日本語に置き換える。
②社内の文章のやりとり（メール等）で、当たり前に使われているカタカナ語は、社内ルールに従って使う。ただし、社外にメールを送る際は、日本語にしたほうがわかりやすいか、一考する。
③一般の人が読む文章で、わかりにくいカタカナ語を使う必要があるときは、説明を加える。

ビジネスで使われるカタカナ語の例

カタカナ語	日本語	カタカナ語	日本語
アカウンタビリティー	説明の義務、責任	ニッチ	市場のすき間
アサイン	割り当てる、任命する	バイアス	偏見、先入観
ギミック	工夫、仕掛け	バジェット	予算、経費
コミットメント	関与、確約、誓約	バッファ	余裕、緩衝
コンプライアンス	法令遵守	パラダイム	枠組み
サマリー	要約	フィックス	最終決定
シナジー	相乗効果	プライオリティー	優先順位
ジョイン	会社やチームなどに参加すること	プロパー	正式な、生え抜きの社員、正社員
スクリーニング	審査、ふるい分け	モラルハザード	倫理の欠如
デフォルメ	誇張、対象を変形して表現すること	レギュレーション	規則、規定
ナレッジ	知識、情報	ローンチ	立ち上げること

⑤表記統一で「安心感」を与える

　表記統一とは、文章の中で語句の表記を統一することです。表記とは書き表すこと。「言葉」という語句には、漢字のほか、「ことば」「KOTOBA」「コトバ」といった表記があります。

　どの表記でも意味は同じで間違いではありません。ですが、ひとつのまとまった文章の中に、同じ意味なのに多様な表記が混ざっていると、読み手は混乱します。

　稚拙な印象を与えたり、読み直しをしていない（＝手抜きをしている）と思われることもあります。急に違う表記が入ってくると、読み手は「何か意味があるのか」と考え、負担にもなります。表記統一をすると安心して読み進められます。

元の文

10月1日に<u>仕入れた</u>部品を、再度<u>仕いれ</u>たいのですが、在庫はありますか？

改善例

10月1日に<u>仕入れた</u>部品を、再度<u>仕入れ</u>たいのですが、在庫はありますか。

元の文では、「仕入れ」「仕いれ」と同じ意味なのに、2つの表記になっています。表記が統一されていないことを「表記の揺れ」といいます。文章が長くなるほど、表記は揺れやすくなるので、注意しましょう。

数量の単位も統一する

言葉だけでなく、重さや長さなど数量の単位も揃えて書くようにします。単位の表記がばらばらだと、わかりにくく、読み手は理解をするのに時間がかかります。

元の文章
明日発送する荷物の大きさは30センチ×40センチ×<u>1メートル</u>です。場所を取り恐縮ですが、受け取りをよろしくお願いします。

改善例
明日発送する荷物の大きさは30センチ×40センチ×<u>100セ</u>ンチです。場所を取り恐縮ですが、受け取りをよろしくお願いします。

元の文章では、センチとメートルが混在しています。改善例では、センチに統一し、イメージがしやすくなりました。会社で単位表記の基準がある場合を除き、できるだけ統一しましょう。

⑥主語と述語を対応させる

　文は、主語と述語から成り立っています。主語は動作や状態の主体になるもののことです。「誰が」「何が」に当たります。

　述語は、主語の動作、作用、性質、状態を表す言葉です。「どうした」「どんなだ」に当たります。

商品が 　**売れた。**
↑主語　　↑述語

　文章を書くときは、主語と述語をセットで考えます。主語と述語がきっちり対応していると、わかりやすい文章になります。反対に、主語と述語が対応していないと、読み手に違和感を与えます。主語を書いたら、必ず対応する述語があるかを確認します。

元の文
私は、先日、株式会社○○の△△さんにお目にかかった場所は、先方のオフィスでした。

改善例
私は、先日、株式会社○○の△△さんにお目にかかりました。場所は先方のオフィスでした。

元の文では、「私は（主語）」＋「お目にかかった（述語）」と「場所は（主語）」＋「先方のオフィスでした（述語）」が入り交じり、文章に違和感があります。改善例では、文章を分けて、「私は」と「場所は」に対応する述語をはっきりさせました。

　ひとつの文章に内容を詰め込みすぎると、主語がどの述語に対応するのかがわかりにくくなります。

「主語」と「述語」の呼応表現を覚える

　ある言葉を使ったときに、決まった言葉で受ける表現を「呼応表現」といいます。呼応表現を使うと、違和感がありません。主語と述語にも、落ち着く組み合わせ（＝呼応表現）があります。

> **元の文**
> 23日の会議で重要**なのは**、来年度の予算を**決めます**。
>
> **改善例**
> 23日の会議で重要**なのは**、来年度の予算を**決めることです**。

　元の文の主語は「重要なのは」です。「なのは」の「の」は、「〜（の）こと」「〜（の）もの」を表します。「〜なのは」＋「〜ことです」は呼応表現です。文末の述語を「〜ことです」とすると、すっきりします。

【呼応表現の例】
- 「たぶん」＋「〜でしょう」
- 「〜したのは」＋「だからです」

主語と述語は近づける

　主語と述語はできるだけ近づけます。離れていると、どれとどれが対応するのか混乱し、文章もわかりにくくなります。

元の文
総務部の田中さんが、昨日吉本部長が提出した私の出張申請書に、杉本課長の捺印がなくて処理が止まっているため、いったん戻すので、今週中に必ず杉本課長の捺印をもらって再度、田中さんに提出するように、と**おっしゃっていました**。

改善例
昨日吉本部長が提出した私の出張申請書に、杉本課長の捺印がなく、処理が止まっているそうです。

「いったん戻しますので、今週中に必ず杉本課長の捺印をもらって再度提出するように」と**総務部の田中さんが**、**おっしゃっていました**。

　主語の「総務部の田中さんが」に対応する述語は「おっしゃっていました」です。**元の文**では両者の間に、「吉本部長」「杉本課長」「私」と多くの人物が登場する上、「止まっている」「戻す」「提出する」などの述語も多いため、主語と述語の対応関係がわかりにくくなっています。

　文がわかりにくいときには短くシンプルにするのが基本です。改善例では、まず文を2つに分け、主語「総務部の田中さんが」と対応する述語「おっしゃっていました」を近づけました。

主語があるかどうかを確認する

「私は22歳です。私は東京に住んでいます」の場合、2つ目の主語は省略できます。同じ主語が続くときは、省略したほうがわかりやすくなります。

しかし、基本的には、主語と述語を明確にしないと、わかりにくくなります。

元の文

新潟の倉庫では月末になくなりそうです。

改善例

新潟の倉庫では月末に**A商品の在庫**がなくなりそうです。

元の文では、「何が」に当たる主語がヌケています。頭の中では書いたつもりでも、書き漏らす場合があるので注意します。

作法 ③

見た目を整えて読みやすくする

作法❸「見た目を整えて読みやすくする」文章術のポイント！

①「余白」を生かして読みやすくする。

②こまめに改行する。

③漢字とひらがなの比率は「2〜3割」対「7〜8割」に。

④「、」「。」はルールに従って打つ。

　文章は、見た目を整えるだけでも、読みやすくなります。見た目とは、紙面、誌面、画面の字面（文字を並べたときの印象）のことです。文字の大きさ、太さ、空白行、文字の配列、改行のタイミングなどによって、文章の読みやすさは変わります。

　ビジネスにおいて、パソコンやスマホの画面で文章を読むことが多い現代では、「余白」が求められています。

　余白とは、「文字、写真、絵、図表がない部分」のことです。ぎっしりと文字で埋め尽くされた画面は読み手の負担になります。場合によっては、読み飛ばされたり、読みにくさのために誤読が生じたりする可能性もあります。読み手の立場になって見た目のよい文章を書きましょう。

会議の日程変更の件で、部員にメールを送りました。

元の文章

会議は当初○月○日の予定でしたが部長より日程変更の希望が**有**りました。全員出席で進めたいので**就**きましては新たな候補日時から**出来る**限り可能な日をお知らせください。候補日時　①○月△日□時～▽時　②○月△日△時～○時　再度ご調整**頂**くことになってしまい申し訳ありませんがご協力を宜しくお願いします。

漢字が多く
硬い印象

変更の候補日が
わかりにくい

改行がなく
読みにくい

改善例

会議は当初○月○日の予定でしたが、部長より日程変更の希望がありました。全員出席で進めたいので、つきましては新たな候補日時からできる限り可能な日をお知らせください。
候補日時　①○月△日□時～▽時
　　　　　②○月△日△時～○時
再度ご調整いただくことになってしまい申し訳ありませんが、ご協力をよろしくお願いします。

改善のポイント

①「、」（読点）を入れて、文の区切りをつくった。

②改行を多く入れて見やすくした。

③漢字をひらがなに変えて、やさしい印象にした。

①「余白」を生かして 読みやすくする

　余白とは、誌面や紙面、画面の「白い部分」＝「文字、写真、絵、図表がない部分」のことです。文字がぎっしり詰まった「余白のない文章」は窮屈（きゅうくつ）な印象を与えます。読みづらいので、読み手にストレスがかかります。

　同じ内容でも、余白を十分に取ると、読みやすくなります。

　余白をうまく取るポイントは２つです。

①「行間（行と行の間隔）」を空け、「空白行（何も書かれていない行）」をつくる

②こまめに「改行（行を変えること）」をする

【行間と空白行の目安】

● 行間……文字サイズの0.5〜１文字分

● 空白行……内容の区切り（段落）で１行

元の文章

「社会人基礎力」とは、「前に踏み出す力」、「考え抜く力」、「チームで働く力」の３つの能力（12の能力要素）から構成されており、「職場や地域社会で多様な人々と仕事をしていくために必要な基礎的な力」として、経済産業省が2006年に提唱しました。（略）こうした状況を踏まえ、平成29年度に開催した「我が国産業における人材力強化に向けた研究会」において、これまで以上に長くなる個人の企業・組織・社会との関わりの中で、ライフステージの各段階で活躍し続けるため

に求められる力を「人生100年時代の社会人基礎力」と新たに定義しました。

改善例

「社会人基礎力」とは、「前に踏み出す力」「考え抜く力」「チームで働く力」の3つの能力（12の能力要素）から構成されています。

「職場や地域社会で多様な人々と仕事をしていくために必要な基礎的な力」として、経済産業省が2006年に提唱しました。（略）

　平成29年度の「我が国産業における人材力強化に向けた研究会」において、新たに次のように定義しました。

「人生100年時代の社会人基礎力」……これまで以上に長くなる個人の企業・組織・社会との関わりの中で、ライフステージの各段階で活躍し続けるために求められる力。

（経済産業省ホームページの内容を作法3の注意点を踏まえ改変）

元の文章では、文字が詰まっていて、読みにくい印象です。**改善例**では、行間を空けて、内容ごとに空白行・改行を入れてとっつきやすくしました（改行については次項目で説明）。

②こまめに改行する

　改行をすると、文末に余白が生まれ、文字がぎっしりと詰まった印象がなくなります。見た目のすっきり感に加え、改行をして段落に分けていくことで、次の効果が生まれます。

【改行の効果】
• 内容の切れ目がはっきりして内容がわかりやすくなる。
• 息継ぎの場ができて、読みやすくなる。

　段落とは、一般的に「長い文章を内容で分けた区切り」を指します。段落が始まるときは、改行して、1文字下げて書きはじめるのが普通です。

　ただし、ニュースサイトの記事やブログ、SNSなどウエブ上の文章では一字下げをしないこともあります。ビジネスメールでは、一字下げしないのが一般的です。

　改行は、内容が変わるときにします。ただし、内容が変わらない場合でも、文章が長く続くときは改行をします。

　ビジネス文書では、改行はだいたい「5〜6行」を目安にします。メールの場合は、パソコンやスマホで見ることを考慮し、「2〜3行」ごとに改行したり、空白行を入れたりすると読みやすくなります。

元の文章（メール文）

平素より◇◇通信をご利用いただき、誠にありがとうございます。このたび、有効期限を迎える◇◇通信ポイントに関して、期間を延長することにいたしました。対象となるのは、○年□月×日から□年×月末までに有効期限を迎える◇◇通信ポイントです。詳しくは◇◇通信ウエブサイトにてご案内しております。今後とも◇◇通信をご愛顧いただきますよう、何卒よろしくお願い申し上げます。

改善例

平素より◇◇通信をご利用いただき、誠にありがとうございます。

このたび、有効期限を迎える◇◇通信ポイントに関して、期間を延長することにいたしました。
対象となるのは、○年□月×日から□年×月末までに有効期限を迎える◇◇通信ポイントです。詳しくは、◇◇通信ウエブサイトにてご案内しております。

今後とも◇◇通信をご愛顧いただきますよう、何卒よろしくお願い申し上げます。

元の文章は改行がないため、ぱっと見ただけで読む気がなくなります。改行と空白行を入れることで、理解もしやすくなります。

③漢字とひらがなの比率は「2〜3割」対「7〜8割」に

　漢字とひらがなの比率を変えるだけで、見た目の印象が大きく変わります。

- 漢字が多い…硬い印象を与え、内容が頭に入りにくい。
- 漢字が少ない…やわらかい印象を与え、内容が頭に入りやすい。

　漢字はひらがなよりも画数が多いため、漢字を使いすぎると、文字が詰まった印象になります。

元の文章

配付資料はページ数が僅かで殆どが図です。予め読んでおいて下さい。念の為、ご連絡しました。

- -

改善例

配付資料はページ数がわずかでほとんどが図です。あらかじめ読んでおいてください。念のため、ご連絡しました。

　改善例では、5カ所の漢字をひらがなにしました。印象がやわらかくなります。ただし、すべてをひらがなにすると、読みづらくなります。「漢字2〜3割」「ひらがな7〜8割」を目安にすると、バランスが整って、読みやすくなります。

ひらがなにしたほうがいい言葉の候補

元の語句の意味が薄れた言葉 （形式名詞や接尾語、あいさつ）	用例
有難う ➡ ありがとう	ありがとうございます
頂く ➡ いただく	お読みいただく資料です
お早う ➡ おはよう	おはようございます
下さい ➡ ください	ご容赦ください
位 ➡ くらい	どのくらいの大きさですか
事 ➡ こと	聞きたいことがあります
沢山 ➡ たくさん	たくさんありました
為 ➡ ため	念のため、確認をお願いします
詰まらない ➡ つまらない	つまらないものですが
時 ➡ とき	遅れるときは連絡します
所 ➡ ところ	非の打ちどころがない
物 ➡ もの	比べものにならない
易い ➡ やすい	親しみやすい人柄
宜しく ➡ よろしく	よろしくお願いいたします

言葉や文をつなぐ言葉 （接続詞や副詞）
後で ➡ あとで
予め ➡ あらかじめ
及び ➡ および
却って ➡ かえって
更に ➡ さらに
然し ➡ しかし
即ち ➡ すなわち
並びに ➡ ならびに
故に ➡ ゆえに

指示語や人称名詞
貴方 ➡ あなた
或る ➡ ある
何時 ➡ いつ
此処 ➡ ここ
此の ➡ この
此れ ➡ これ
其れ ➡ それ

別の言葉の 前や後ろにつく言葉
但し ➡ ただし
丁度 ➡ ちょうど
一寸 ➡ ちょっと
等 ➡ など
達 ➡ たち
程 ➡ ほど
殆ど ➡ ほとんど
迄 ➡ まで

そのほか
出来る ➡ できる
可笑しい ➡ おかしい
有る ➡ ある
無い ➡ ない

④「、」「。」は
ルールに従って打つ

　文章を書くときに必ず使うのが、句点「。」（マル）と読点「、」（テン）です。この2つを合わせて句読点といいます。

　両方とも、文を分ける働きをします。

　句読点は、内容によって文を分けるため、「文や文章の意味を明確に」します。また、「リズムを刻む」役割も果たします。例を見てみましょう。

元の文

昨日入荷した部品はすべてA工場に届けた。

- -

改善例❶

昨日、入荷した部品はすべてA工場に届けた。

改善例❷

昨日入荷した部品は、すべてA工場に届けた。

改善例❸

昨日入荷した部品はすべて、本日A工場に届けた。

　元の文の場合、「昨日入荷した部品」を届けたのか、それとも、「入荷した部品」を昨日届けたのか、あいまいです。

　改善例のように、「テン」を打つことで、文の中にまとまりができるため、読み手は迷うことがなくなります。テンを打つ位置に

よって意味が変わります。

【意味】
改善例❶「昨日」A工場に届けた。
改善例❷「昨日入荷した部品」を（いつかわからないが）A工場に届けた。
改善例❸「昨日入荷した部品」を本日、A工場に届けた。

　改善例❸は届けた日（本日）を加えたことで、改善例❷よりも文の意味が明確になりました。

> **文例❶**
> 今日も明日も明後日もスケジュールがいっぱいだ。
>
> **文例❷**
> 今日も、明日、明後日も、スケジュールがいっぱいだ。

　同じ文でも、文例❷のようにテンを打つとリズムが生まれます。テンは文にリズムを与える効果があります。

マルは「 」内の最後につけない

「マルは文の終わりに打つ」というルールがあります。

> **例文**
> うかがいたいことがありますので、ミーティングのあとで15
> 分ほどお時間をいただけますか。

マルのつけ方で注意したいのは、「」（カギカッコ）がついたと
きの位置です。

> **元の文**
> 営業部の課長が「来週の金曜日に懇親会をやろう。」とおっし
> ゃっていました。
>
> **改善例**
> 営業部の課長が「来週の金曜日に、懇親会をやろう」とおっ
> しゃっていました。

ビジネス文書では、文中のカッコ内で文がいったん終わってい
る場合、マルをつけないのが普通です。

テンは10のルールに従って打つ

テンには10のルールがあります。ただし、10のルールどおりに
打たなかったからといって、間違いではありません。読み手が内
容を間違えずに、スムーズに読めることが大切です。

テンを打つ場所　10のルール

①文の切れ目に

明日の定例会議では、次の資料が必要になります。

②修飾する文章が長いとき、そのあとに

弊社サービスの導入事例をお送りしますので、ご覧ください。

③対等な語句を並べるときに

お返事は、電話でも、メールでも、FAXでも構いません。

④接続詞、逆接の助詞のあとに

ところで、明日のご都合はいかがですか。

明日は雨の予報ですが、開催いたします。

⑤誤解を避けるために

× ここではきものを脱いでください。

○ ここで、はきものを脱いでください。

⑥挿入された語句の前後や文節を区切るときに

お申込みは定員に達しましたが、会場のレイアウトを変更して新しく席をつくりましたので、あらためて若干名募集します。

⑦強調するときに、強調する語の前に

　文章術こそが、今もっとも求められているスキルです。

⑧引用を示す「と」の前に

　明日の会議は出席できない、と部長から連絡がありました。

⑨感動詞や呼びかけの句のあとに

　えっ、本当ですか。

⑩格助詞を省略した、その語のあとに

　お手紙、ありがとうございました。（格助詞「を」を省略）

　10のルールの中で、気をつけたいのは、⑧の「引用を示す『と』の前に」です。引用があると、「引用の文の終わりだから」という理由で「マル」を打ってしまうケースがあります。

元の文

体調が悪いので休みたい。と○○さんから連絡がありました。

改善例

体調が悪いので休みたい、と○○さんから連絡がありました。

　文章の途中ですから、「。」ではなく改善例のように「、」を打ちます。

文章をテンで長くつなげすぎない

　多くの内容をテンでつなげて1文を長くすると、文がわかりにくくなります。テンを使った文でも、60文字におさめるように意識します（130ページ参照）。

元の文章

　日本企業の独自のITシステムは、改修を重ね、複雑化・老朽化し、システム開発を担った人材は定年退職、全容を把握する人材が乏しく、「ブラックボックス」化が加速しており、DXが進まないと、ハードの故障やソフトの不具合などに起因する経済損失が急増するといわれている。

改善例

　日本企業の独自のITシステムは、改修を重ね、複雑化・老朽化している。

　システム開発を担った人材は定年退職し、全容を把握する人材が乏しく、「ブラックボックス」化が加速している。

　DXが進まないと、ハードの故障やソフトの不具合などに起因する経済損失が急増するといわれている。

※DX……デジタル・トランスフォーメーション。ITが社会のあらゆる領域へ浸透することでもたらされる変革のこと。

元の文章ではテンですべての文がつながり、読みにくくなっています。改善例では、マルや改行で文を分けました。

作法 ❹
書き方のテンプレートを持つ

作法❹「書き方のテンプレートを持つ」文章術のポイント！

①テンプレートを使えば、速く、正確に伝わる。

②ビジネスメールは「簡潔に」「要点を」書く。

スピードが求められるビジネスの世界で、文章を書くときに身につけておきたいのはテンプレートです。

テンプレート（文章の型）とは、「文書の流れを示すパターン」「決まった形式」「ひな型」のことです。テンプレートを使うメリットは次の4つです。

【テンプレートを使うメリット】

①どの内容をどの順番で書けばいいか迷わないため、速く書くことができる。

②情報の過不足がなくなる。

③論理展開が破綻しにくくなる。

④頭に浮かんだ順番で書くよりも、相手に伝わりやすくなる。

結果として、文章を書くのが苦手な人でも、わかりやすい文章が書けるようになります。

①テンプレートを使えば、速く、正確に伝わる

　ビジネス文書の初心者が、最初に身につけておきたいテンプレートを３つ紹介します。

①逆三角形型
「結論」を先に述べて、次に「説明」をします。ビジネス文書のほか、新聞でも使われているテンプレートです。

②PREP法
「結論→理由→具体例→結論」の順番で述べていきます。論理的で説得力の高い文章になります。

③日報
　会社で決められた形式がなく、メールで日報を送る（本書では「メール日報」と呼びます）場合、自分なりのテンプレートをつくっておくと、作成時間を短縮できます。

基本は結論を先に述べる逆三角形型

　逆三角形型は、最初に「結論」、次に「説明」、最後に「補足」を加える型です。文章で主題となるのは「結論」。つまり、その文章で「一番言いたいこと」「一番伝えたいこと」です。

　書くほどに重要度が低くなるので、逆三角形型といわれます。

ビジネス文書の基本テンプレート

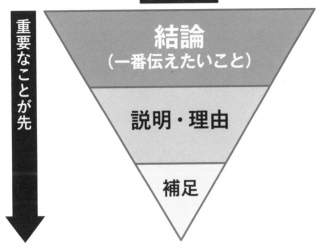

逆三角形型

重要なことが先

結論
（一番伝えたいこと）

説明・理由

補足

先に結論を書くと、

- 最初を読むだけで概要がわかるため、読み手の時間を奪わない
- 「一番伝えたいこと」を先に書けばいいので、書き出しに悩まなくて済む
- 文章を短くしたい場合、結論が先にあるので、後ろから削ればよい

といったメリットがあります。

　新聞やニュースの記事では、逆三角形型で書くのが基本です。
　ビジネス文書の代表例として、新商品や新しいサービスを紹介するニュースリリースがあります。ニュースリリースは最後まで読まれるとは限りません。最初に伝えたいことを書いておけば、

忙しい読み手にも情報が伝わります。最初に大切な情報が書いて
あれば、そのテーマに興味を持った読み手が最後まで読んでくれ
る可能性も高くなります。

元の文章

　レストラン□□では、近隣の漁港で水揚げされたばかりの
新鮮な魚介を使ったフレンチを提供します。腕を振るうのは、
パリの5つ星レストランで20年修業をしたシェフです。

　そんな料理を、**海を見下ろしながら召し上がっていただけ
るレストラン□□が、○月×日（土）、△△海岸にオープンし
ます。**

改善例

　海を見下ろしながら、海の幸をご堪能いただけるレストラ
ン□□を○月×日（土）、△△海岸にオープンします。

　レストラン□□で提供するのは、近隣の漁港で水揚げされ
たばかりの新鮮な魚介を使ったフレンチ。

　腕を振るうのは、パリの5つ星レストランで20年修業を積
んだシェフです。

　店の開店を知らせる文章（ニュースリリース等）では、「どこ
に」「いつ」オープンするのかが、もっとも伝えたい情報（結論）
です。どんな料理を提供するのかといった説明は、結論のあとに
書きます。

説得力のある文章を書きたいときは「PREP法」

　PREP法は論理的な文章を書くときのテンプレートです。「Point・Reason・Example・Point」の4つの言葉それぞれの頭文字を取って「PREP」と表します。

1. Point……結論、ポイント、重要なこと。
　「結論は○○です」
　例：「今日は傘を持っていきます」
2. Reason……理由。
　「なぜなら、○○だからです」
　例：「なぜなら、予報で夜から雨が降ると言っていたからです」
3. Example……具体例、事例。
　「実際に○○という事例がありました」
　例：「最近、天気予報はよく当たります。この間も朝は青空だったのですが、天気予報のとおり、夕方から雨が降りました」
4. Point……結論、ポイント、まとめ。
　「したがって（だから）、○○という結論になります」
　例：「だから、今日は傘を持っていきます」

　PREP法では、1の「結論」から順番に書いていき、最後に再び「結論」で結びます。逆三角形型との大きな違いは、最後に再び、結論を書くかどうかです。
　PREP法は、理由や事例を結論ではさみます。結論を2度書くことで説得力が生まれ、より伝わりやすくなります。
　また、読み手の納得、共感をうながすことにもつながります。

1. 結論

　社会人になったら、すぐに文章術を学ぶことが大切です。

2. 理由①

　理由は3つあります。

　ひとつ目の理由は、文章力はポータブルスキルであり、どの部署に配属されてもベースとなる必須のスキルだからです。

理由②

　2つ目は、仕事のコミュニケーション手段の第1位はメールであり、正しく伝わる文章を書けるかどうかが、円滑なコミュニケーションの鍵を握るからです。

理由③

　3つ目は、どんな言葉選びをするかで、あなたの印象が決まるからです。

3. 事例

　ある調査によれば、ビジネスパーソンが学び直したいスキルの第1位は「文章術」でした。

4. 結論

　文章術は社会人にとって重要であり、不可欠のスキルです。したがって、できるだけ早い段階に身につけておくのが得策です。

　例文は次の構成になっています。

1. 結論……新社会人はすぐに文章術を身につけることが大切。
2. 理由……①文章術はポータブルスキルである。

②仕事で一番使うコミュニケーションツールはメール。

③言葉選びで印象が決まる。

3．事例……「文章術が大切である」という調査結果（事例）がある。

4．結論……社会人の早い段階で文章術を身につけたほうがいい。

日報は「業務内容」と「所感」が基本

　仕事に欠かせないのが報告書です。仕事が終わった際は、その結果を上司に報告します。報告を文書にまとめたものが報告書です。日報は報告書の一種です。

　日報のおもな目的は、

「上司との毎日の業務（仕事の内容、進捗状況）の共有」

「自分の仕事の振り返りと改善」

　です。

　業務の内容や会社によって、書く要素は異なります。

　日報の基本要素は次のとおりです。

- 業務内容……「何時から何時まで」「何を」「どのくらいやったか」を時系列で具体的に書く。
- 所感……業務を行った際の「疑問」「課題」「気づいたこと」「感じたこと」をまとめる。
- 目標……その日の結果や改善点を受けて、翌日の目標を立てる。

　ここではメール日報の例文を紹介します。

件名：【日報】田中〇〇〇

永田課長

おつかれさまです。

田中です。本日〇月×日（〇曜日）の日報です。

【業務内容】

　9：00〜10：00　朝礼、メールの確認および返信。

10：00〜11：00　新製品紹介の資料作成（5ページ）。

11：00〜12：00　A社山田部長とオンラインにて商談。

13：00〜15：00　港区のB社訪問。販売部の方と商談。

15：00〜17：00　商品開発部とオンライン会議。

17：00〜18：00　新製品紹介の資料を完成させる。

【所感】

- 商品開発部にあらたにヒヤリングして新商品紹介の資料を完成。困ったときは相談することの大切さを学ぶ。
- B社では商談に出席された方が4人。用意していた資料が1部足りなかった。次回からは多めの準備が必要。

【明日の目標】

新製品資料ができあがったので、明日からメールにてアポイ

ントを取り（目標20件）、月末までに５件の注文を取る。

【署名】
※社内のルールに合わせた署名を使う

【メール日報を書くときのポイント】

- メールの件名に「自分の名前」「日報」を忘れずに書く。
- 業務内容は「何を」「どのくらい（時間や分量）」やったのか。「誰（どこの会社、どこの部署）と」「どこで」会ったのかを具体的に記す。
- 所感とは学びや気づきなど、心に残ったこと。ただし日報は感想文ではないので、「〜と思った」は書かない。
- 課題が見つかり日報に書いた場合は、必ず、自分なりの解決策を併記する。
- 目標には、できるだけ数字を入れる（上司に明確に伝わる）。

②ビジネスメールは「簡潔に」「要点を」書く

　ビジネスメールを読むのは、移動中や会議と会議の間など、すき間時間が多いものです。また、100通以上メールを処理しなければならない人もいます。ビジネスメールを書くときは、相手の時間を大切にするために、簡潔に要点が伝わるようにします。

　ビジネスメールを書くときのポイントは次の6つです。

> **ビジネスメールを書くときの6つのポイント**
> ①読み飛ばされないように件名は具体的にする。
> ②要点はあいさつ文のあとに、2～3行でまとめる。
> ③文章は長くしない。
> ④メール1件にひとつの用件（整理・保存する際、わかりやすい）。
> ⑤本文は1画面（1スクロール）に入る分量を目安にする。
> ⑥行数は30行以内、1行の文字は35文字以内を目安に。

　メールを組み立てるときは、次の決まり文句を使うと、書きやすくなります。

①あいさつ文から本来の話題（主文）に入るときは、「さて」を合図にする。

②結論に向かうときは、「つきましては」＋「望むこと」。

③末文は、主文で展開した内容を念押ししてしめくくる。

- 「まずは」＋「取り急ぎお知らせいたします」
- 「まずは」＋「御礼とメール拝受のご連絡いたします」

文例

差出人	佐藤立之
宛先	yoshida@△△△△△.co.jp
CC	
件名	【ご案内】新商品展示会を開催します

> 件名は
> 具体的に書く

株式会社○○　企画部　吉田様

いつも大変お世話になっております。
株式会社△△△△　営業部の佐藤立之です。

> 要件はあいさつ文のあと、
> 2〜3行でまとめる

さて、弊社では新型のロボット掃除機の開発を行ってまいりました。
このほど完成し、ご披露できる運びとなり展示会を開催します。

つきましては、日頃よりご愛顧いただいている
吉田様にご来場いただきたく、ご案内いたします。

> 決まり文句を使うと
> 組み立てやすい

詳細は次のとおりです。

■日時：○月○日（○）〜○月○日（○）
10：00〜17：00（最終日は16：00まで）

■場所：○○○○

お忙しい中、誠に恐縮ではございますが、
ぜひ展示会にご来場いただけませんでしょうか。

まずは、取り急ぎお知らせいたします。

> 行数は30行以内。
> 1行は35文字以内を目安にする

何卒よろしくお願い申し上げます。
========================
株式会社△△△△　営業部
佐藤立之
住所：〒000-0000　東京都○○区△△町1-1-1
TEL：03-0000-0000
URL：https://www.○○○.co.jp
Mail：○○○○@○.co.jp
========================

読み手の時間と同様に、送る側である自分の時間も大切です。メールを正確に速く書くために、よく使う言葉、自分の名前、頻繁にメールをやりとりする相手の社名や名前は、単語登録をしておくといいでしょう。

単語登録する言葉の候補

- いつもお世話になっております。
- ○○株式会社企画部の大川美咲です。
- ご確認のほど、どうぞよろしくお願いいたします。
- 何卒、よろしくお願いいたします。
- お忙しい中、恐れ入りますが、どうぞよろしくお願いいたします。
- 平素は格別のご高配にあずかり厚く御礼申し上げます。

署名はお知らせを加えてもいい

　メールの最後には、191ページのように署名をつけます。

　メールをやりとりする中で、相手がこちらに連絡を取りたいときや、郵送物を発送したいときに、わざわざこちらに確認せずに済みます。署名に入れる基本要素は下記のとおりです。

署名に入れる基本要素

- 会社名
- 部署名
- 氏名（読みにくい場合は、氏名の読み仮名）

- 電話番号（必要なら内線番号や携帯電話の番号）
- FAX番号
- 住所
- メールアドレス
- 会社のホームページのURL

　署名は、本文との区別がつきやすいように罫線（けいせん）などではさみます。ビジネスで使う場合の署名は、幅広い年代の人が見ますので、華美にせず、シンプルにまとめます。また、基本要素のほかに、宣伝やお知らせを（上司に確認した上で）入れてもいいでしょう。

【署名のテンプレート】

○●--●○
株式会社○○○○ ○○部
山田 太郎 / YAMADA TARO
　〒000-0000 東京都○○区1-2-3
　TEL：03-0000-0000　FAX：03-0000-0000
　Email：yamada@○○○○.com
　URL：https://○○○○.com/
＊＊＊＊＊＊＊＊＊＊＊＊＊＊＊＊＊＊＊＊＊
★☆新商品や新サービスについて☆★
○月×日より新型洗濯機「○○」を発売します。
商品の詳細は、こちらをご参照ください。
https://xxxxxxx.co.jp/xxxxxxx/index.html
○●--●○

渡す前・送る前に必ず読み返す

作法❺「渡す前・送る前に必ず読み返す」文章術のポイント！

①名前、固有名詞は重ねて確認する。

②時間を置いて読み返す。

③誤送信に気づいたらすぐに上司に報告する。

　文書のやりとりで欠かせないのは、相手に「わかりやすく」「正確に」伝えることです。ビジネス文書をやりとりする際には、必ず、相手に「渡す前」、メールを「送る前」に読み返します。

　自分では正しく書いたつもりでも、打ち間違いや変換ミスをしているケースは、少なくありません。

　一般社団法人日本ビジネスメール協会の調査では、ビジネスメールで「過去一年間に仕事でメールを受け取り、失敗を見つけたことがある」と答えた人に、その内容を聞いたところ、「誤字や脱字」が48.06％でもっとも高く、「添付ファイルのつけ忘れ」「必要な情報が足りない」の順に続きました（「ビジネスメール実態調査2022」）。

　読み返しによって、ビジネス文書やメールでの不注意による誤りに気づくことができます。

メール送信前のチェック項目

□送信先のメールアドレスは合っているか。

□相手の社名、部署名、氏名は間違っていないか、名刺や相手からのメールの署名で確認する。氏名は、漢字が間違っていないか重ねて確認。

□敬称は合っているか。

□書き出しのあいさつはタイミングが合っているか。

□自分が受け取ったときに不快に思わないか。

□添付ファイルを忘れていないか。間違えていないか。

□添付ファイルの重さは適切か（2MB以下が望ましい）。

□添付ファイルにパスワードをつけたか（会社で決められている場合）。

□相手からの問い合わせや質問に答えているか。

□読みやすいか。

文章のチェック項目

□誤字（変換ミス）・脱字（書き落とした文字）はないか。

□内容に間違いはないか。

□論理は破綻していないか。

□文章はシンプルになっているか。

□余白があるか。

□不快感をともなう表現、差別用語を使っていないか。

□主語と述語の関係は正しいか。

□表記は統一されているか。

①名前、固有名詞は
重ねて確認する

　メールや手紙のやりとりにおける名前や固有名詞の表記ミスは、相手に不快感を与えます。自分や会社の信用を落とすことにもつながりかねません。間違えないように重ねて確認します。

　相手から送られてきたメールに署名があれば、コピー＆ペーストをすることで書き間違い、宛名間違いを防げます。

【間違いやすい名字の漢字（例）】

- あべ　　→「阿部」「安倍」
- おおた　→「太田」「大田」
- きくち　→「菊地」「菊池」
- さいとう→「斎藤」「斉藤」「齋藤」「齊藤」
- たかはし→「高橋」「髙橋」
- とみた　→「富田」「冨田」
- なかじま→「中嶋」「中島」「中嶌」
- やまざき→「山崎」「山﨑」
- わたなべ→「渡辺」「渡邊」「渡部」「渡邉」など

【固有名詞の注意点】

- 「前株」か「後株」か。
  例：株式会社○○○　or　○○○株式会社
- 大きな文字か小さな文字か。

例：キヨダ or キョダ

　　　○ Facebook　× facebook

※ Facebookのロゴは小文字から始まるが、正式なサービス名は
　最初の文字が大文字。

• 「ガ」「ヶ」「が」に注意。

　　例：○練馬区光が丘　×練馬区光ヶ丘、練馬区光ガ丘

数字の間違いにも注意

　もうひとつ、ビジネス文書で注意したいのは、数字の間違いです。打ち合わせの日時や納品日の間違い、商品の価格や数量、品番の間違いは、業務上の大きなトラブルに発展しかねないからです。数字も念を入れて確認します。

【とくに確認したい数字】
日にち、時間、価格、数量、電話番号、郵便番号、番地、部屋番号、品番

表記を統一する

　ひとつの文書内では、できるだけ表記を統一します（161ページ参照）。

【混在しがちな言葉】
• ウエブ、ウェブ、WEB、Web、web　• お勧め、お薦め

• 打ち合わせ、打ち合せ、打合せ　　• 税込み価格、税込価格

②時間を置いて読み返す

文章を読み返すことを「推敲」といいます。

推敲にはおもに4つの目的があります。
①誤字、脱字をなくす。
②文を加えたり、削ったりして読みやすくする。
③情報に間違いがないか確認する。
④よりわかりやすい表現に差し替える。

間違いがなくわかりやすいビジネス文書やメールのやりとりを重ねると、相手からの信頼獲得にもつながります。

推敲のポイントはおもに3つあります。
①時間をおいて読み直す。
②プリントアウトして読む。
③文章を声に出して読む。

時間を置いて読み直す

推敲でもっとも大切なのは、時間を置いて読み返すことです。

書いた直後では、頭の中に文章が残っているため、書き間違えがあったとしても、勝手に補って読んでしまうからです。また、

書いたときの気持ちが残っているので、客観的に読むことが難しいという理由もあります。

　できれば1週間、最低でも1晩寝かせてから推敲するのが理想です。

　ただし、メールの返信については、24時間を超えると「遅い」と感じる人が大半といわれます。ゆっくり寝かせるわけにはいきません。とはいえ、書いてすぐではなく、限られた時間の中で、必ず推敲をしてから送るようにします。

　どんなに急いでいたとしても、「推敲はメール送信に欠かせないステップ」と認識しておきましょう。

プリントアウトして読む

　読み返しの際は、スマホやパソコンの画面上ではなく、紙にプリントアウトして読みます。

　紙に印刷をすると、書き手から読み手に意識が変わるため、客観的な視点で読めます。また、画面上では一度に一部分しか見られませんが、プリントアウトすると、全体を一望できます。

文章を声に出して読む

　音読は、文章を目で追って読んでいくため、読み飛ばしができません。誤字や脱字、句読点の位置をチェックできるので、文章を磨きあげるのに最適です。

　最終的には、上司や先輩にも読んでもらって、ダブルチェックをすると、推敲の精度が上がります。

ビジネスで間違いやすい同音異義語の一覧

あう

合う	一致する。例：計算が合う。好みが合う
会う	人と人が顔を合わせる。例：○○と会う約束がある
遭う	思いがけない（好ましくないもの）に出合う。

あがる

上がる	高い位置に移動する。例：物価が上がる
挙がる	はっきりわかるようになる。手が上にのびる。例：手が挙がる

いしょく

委嘱	仕事を人に頼んでまかせること。例：講師を委嘱する
移植	植物等をほかの場所に植え替えること。身体の臓器の一部や臓器を、体のほかの部分や、ほかの人に移し植え込むこと。

いどう

移動	位置が動くこと。例：ゲルマン民族の大移動
異動	地位、職務、状態が変わる。例：人事異動
異同	ちがっているところ。例：前年度との異同を精査する

かいてい

改訂	書籍などの内容をあらためて直すこと。例：改訂版
改定	法律や価格など以前のものをあらためて決め直すこと。例：料金の改定

かくりつ

確率	ある事象が偶然に起こる割合。例：成功する確率が高い
確立	物事をしっかりとしたものにすること。例：制度の確立

きてい

規定	きまりや規則を定めること。また、その定め。例：規定の料金
規程	一般的な決まり、定め。官公庁や企業などで、内部組織や事務手続きなどについて定めた規則。例：服務規程

さくせい

作成	書類・文章などをつくり上げること。
作製	物品や図面などをつくること。製作。

じんこう

人口	国や都市など一定の地域の人の総数。
人工	人が手を加えてつくること。

せいさん

清算	金銭の貸し借りを整理しきれいにすること。
精算	細かく正確に計算すること。例：交通費を精算する

たずねる

尋ねる	さがし求める。質問する。
訪ねる	訪問する。

ついきゅう

追求	手に入れたいものを追い求める。
追及	責任・原因などを問いただす。
追究	わからないことを深くつっこんで明らかにしようとすること。

つつしむ

慎む	気をつける。控えめにする。例：言葉を慎む
謹む	相手に敬意を表し、かしこまる。

ようけん

用件	しなくてはならない仕事。用事。例：用件を伝える
要件	必要な条件。重要な用事。例：応募要件を満たす

③誤送信に気づいたら すぐに上司に報告する

　メールの誤送信は大きく2つに分けられます。

- 内容を間違えて送ってしまった。
- 送る相手を間違えて送ってしまった。

　新社会人は、上記のいずれの場合も、まずは直属の上司にミスの内容を報告し、謝罪し、対応について指示を仰ぎ従います。

「内容を間違えて送ってしまった」場合、一般的にはすぐに謝罪と訂正のメールを送ります。

文例

いつも大変お世話になっております。

株式会社△△の田中です。

さきほど、お送りしました打ち合わせに関するメールに時間の誤りがございました。私の確認不足によるミスです。ご迷惑をおかけし大変申し訳ありません。

こちらにて、改めてご連絡申し上げます。

- （誤）3月12日（木）14時～16時
- （正）3月12日（木）16時～18時

以上です。

私の不注意により、ご迷惑をおかけしますことを重ねてお詫び申し上げます。

「送る相手を間違えた」場合、個人情報や機密情報の漏洩につながるケースもあります。間違えたことがわかったら、すぐに上司に相談して対応しましょう。対応が早ければ早いほど、被害を最小限に抑えられる可能性が高くなります。

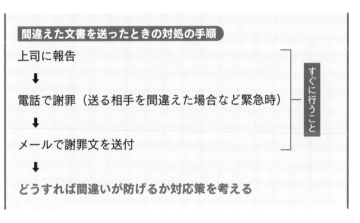

間違えた文書を送ったときの対処の手順

上司に報告

↓

電話で謝罪（送る相手を間違えた場合など緊急時）

↓

メールで謝罪文を送付

┐ すぐに行うこと

↓

どうすれば間違いが防げるか対応策を考える

最後の手順の「どうすれば間違いが防げるか対応策を考える」は、今後、同じ間違いを繰り返さないために必ず行ってください。

「間違えた」からといって
あなたがダメなわけじゃない

ビジネスマナー講師　大野博美

　社会人になりたての頃は、文章の間違いや失敗の連続かもしれません。覚えておいてほしいのは「間違い」はダメですが、あなた自身がダメなわけではない、ということ。

　間違えたときに、自分を責めないでください。

　むしろ、間違いをひとつしたときは、社会人としてひとつ成長できた、と捉えてください。

　大事なのは、間違えたあとにそのままにしないこと。「なぜ間違いが起きてしまったのだろう」「どう直せばいいのだろう」と考えることです。考えて自分で答えを出していくと成長できます。

　自分で答えが見つけられないのであれば、先輩や上司に相談してください。上司や会社に「報告」「連絡」「相談」することを、「ほうれんそう」といいます。

「ほうれんそう」は、自分を守るためのツールです。

　そして、先輩や上司は、あなたからの相談をいつも待っているはずです。

（監修／敬語表現・ビジネスマナー）大野博美

株式会社デライト・マインド代表取締役社長／ビジネスマナー講師。
法人向けに教育・研修のオリジナルプログラムを作成。明るく歯切れのよい研修、的確なアドバイスに定評があり、16年間で数千回の公開セミナーを企画・運営。入社前の新人、リーダー職、管理職、経営者層から、営業職、事務職、販売職、コールセンタースタッフまで、飲食サービス、ホテル業、医療・福祉、教育産業など多業種にわたり、幅広い人材育成の実績がある。

【デライト・マインドホームページ】http://www.d-mind.co.jp/index.html

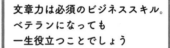

デスクのお守り。
書き方に迷ったら、この本をいつでも開いてくださいね

文章力は必須のビジネススキル。ベテランになっても一生役立つことでしょう

文章力は、ビジネスの土台である

藤吉 豊

　僕はこれまで、ライターの仕事を通して、経営者、人事担当者、マネジメント層の多くに

「ビジネスで活躍する上で、文章力は必要だと思いますか？」

　と質問をさせていただきました（取材相手の許可を得てから質問をしたので、「させていただく」と表記しました）。

　結果は、ひとりの例外なく「必要である」と答えました。

　社会人になると、基本的な文章力の有無が、仕事の成果につながります。ビジネスシーンで文章力が「必要である」のは、「はじめに」でも述べたように、文章力がポータブルスキル（どんな仕事をしていても活用できるスキル）だからです。

　と同時に、文章力はほかのポータブルスキルとも結びついていて、「文章力を伸ばすと、ほかの4つのスキルが伸びる」と考えられています。

【文章力を伸ばすことで身につく4つのポータブルスキル】

①論理的思考力

……「情報を整理し、筋道立てて説明する力」のこと。

　論理的思考力が身につくと、情報の過不足や論理展開の破綻がなくなります。整合性のある企画書やプレゼン資料がつくれるため、評価を得やすくなります。正確な文章を書く訓練は、物事を理路整然と組み立てる訓練でもあります。

②読解力
……「言語化された情報を正確に読み解く力」のこと。

　読解力は、すべての現象を読み取る力です。読解力が身につくと、必要な情報を探し出したり、情報を精査して自分の考えをまとめたりすることができます。「書く」ことと「読む」ことは、表裏一体の関係にあるため、書く訓練は読む訓練でもあります。

③コミュニケーション力
……「自分の考えを正確に伝える力」のこと。

　文章を使ったコミュニケーションは、会話以上に、「相手の立場になって考える」姿勢が求められます。読み手を意識して書くことで、コミュニケーション力の向上が可能です。

④言語化する力
……「『頭の中のアイデアや気持ち』や『目の前の状況』を的確に
　　表現する力」のこと。

　言語化ができると、「自分の考えや感情を適切に表現できる」「現場の状況を正確に報告できる」「漠然としたアイデアを言葉にして提案できる」ようになります。

　ポータブルスキルは、ビジネスの土台です。筆者の藤吉と小川、そしてKADOKAWAの編集者、宮脇美智子さんと中島元子さんが、本書のタイトルの中で「すぐに」と強調したのは、「文章力を早く伸ばして、ビジネスパーソンとしての土台を早く築いてほしい」という想いからです。

　本書が、新社会人の土台固めの一助となることを願っています。

おわりに❷

真心と思いやりを持って書く

小川真理子

繰り返しによって文章は上達する

私の新社会人時代は、遠い昔です。振り返ってみると、毎日が希望にあふれていたかといえば、そうでもなく、新たな世界に足を踏み入れることに、不安ばかり感じていました。

今とは違い、電話がおもなコミュニケーション手段でした。

最初は、電話が苦手で、間違えて注意されるのが恐くて、受話器に手をかけて取るふりをしつつ、手元の資料を見たりして、ほかの人が電話を取るのを待っていました。姑息です（笑）。

でも、電話を取る回数が増えるにつれ、失敗を重ねるにつれ、だんだん恐怖心は消えていきました。

数をこなす。繰り返す。何かを身につけるときの基本です。

ビジネスでの文章も同じです。

失敗を恐れずに書く。間違えたら原因を究明して、「次は同じ間違いをしないようにしよう」と誓う。気を取り直して、業務に戻って、また書く。

繰り返すうちに、文章は上達していきます。

真心と思いやりを持って相手の立場に立って書く

本書でも触れましたが、ビジネスで文章を書くときに大切なの

は、相手（読み手）の立場に立っているかどうかです。伝えたい内容がモレなく、正確に書かれているのであれば、なおいいと思います。

　相手の立場に立っている文章とは、「自分がその文章を受け取ったときに不快に思わない」文章のことです。

　読み返したときに、「不快に思わない文章か」を考えてみるのがいいでしょう。私が文章を書くときも、「この文章を書いて傷つく人がいないか」「いやな気持ちになる人はいないか」に気をつけています。

　文章はビジネスにおけるコミュニケーションの手段であり、人間関係を円滑にして、仕事を前に進める役割を担っています。

　人間関係を円滑にするには、真心や思いやりが欠かせません。

　私もまだできていないときが多いですが、真心のこもった文章、思いやりのある文章が書けるようになりたいと思っています。

　さて、本書についてです。

　本書の企画は、「社会人1年生が、文章で困ったことがあったときに、パッと開く『お守り』のような本があったらいいね」という趣旨でスタートしました。

　困ったときはもちろん、「ビジネスの文章で困らない」ように事前に読んでおくのもいいと思います。もし、本書に書いていないことがあったら、追加で書きこんでもいいでしょう。

　この本が、本書を読まれた皆さんのビジネスのお守りとなれたら、これ以上、嬉しいことはありません。

　皆さんの文章上達を心からお祈りしております。

メール・テンプレート集

「こんなとき、どう書いたらいいのだろう」と迷ったときに使う、メールのテンプレートを6つ紹介します。

大切なのは相手の立場や状況に合わせて書くこと（112ページ参照）。読み手のことを考えて、アレンジして使うといいでしょう。

テンプレートの使い方

あいさつ文、結びの文は省略しているものもあります。社内メール、社外メールなど状況に応じて入れてください。よく使う言葉は単語登録をしておくと便利です（192ページ参照）。

....

①宛名・あいさつ文（下記は例／97ページ参照）を入れる

社内：おつかれさまです。総務部の山田です。

社外：お世話になっております。A社の山田です。

....

②テンプレートの文章を入れる

....

③結びの文・署名（下記は例／192ページ参照）を入れる

社内：よろしくお願いします。

社外：今後とも何卒よろしくお願いいたします。

....

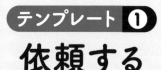

テンプレート ❶
依頼する

CASE 上司に資料の確認を依頼する

売上報告書の確認をお願いできますでしょうか。
修正箇所がありましたら、3月5日（水）までに **1**
教えていただけるとありがたいです。**2**

| **1** 締め切りを伝える | **2** 「助かります」「ありがたいです」など
ポジティブな表現にする |

合わせて読みたい！ ➡110ページ・141ページへ

CASE 他部署に資料作成をお願いする

先日の営業会議ではありがとうございました。
新製品資料を6月25日（火）までにお送りいただくことは可能でしょうか。
1 難しければ、日程調整をしますので、ご連絡ください。

| **1** 相手の都合に配慮した
一文を添える |

合わせて読みたい！ ➡32ページへ

無理なお願いをする場合のプラス表現

「急なお願いで申し訳ございません」
「期限が短く大変恐縮ですが、」

テンプレート ❷
アポイントメント

CASE 上司に打ち合わせのお願いをする

❶ **5月の企画会議用資料について**、一度、
打ち合わせをさせていただきたいと思っております。

❷ **今週中に30分ほど**お時間をいただけますでしょうか。

❸
厚かましくも**打ち合わせ候補日時**をお伝えします。
①○月○日 午後○時以降
②○月○日 午後○時以降
③○月○日 午後○時以降

上記が難しければ、あらためてご相談させてください。
よろしくお願いします。

| ❶ 用件が
わかるようにする | ❷ 所要時間を明確にする | ❸ 候補日時を提示する |

合わせて読みたい！ ➡44ページへ

CASE 取引先に日程の変更をお願いする

5月10日でお約束いたしました打ち合わせの件で
ご連絡いたしました。
大変恐縮ですが、すでに別件が入っておりました。**1**
こちらの確認ミスで申し訳ありません。**2**

日程の変更をお願いできないでしょうか。
厚かましくも打ち合わせ候補日時をお伝えいたします。
①○月○日 午後○時以降
②○月○日 午後○時以降
③○月○日 午後○時以降

お手数をおかけいたしますが、何卒よろしくお願いいた
します。

1 相手の気分を害さないよう
「すでに先約が入っていた」などの表現にする

2 自分のミスを詫びる

合わせて読みたい！ ➡64ページへ

こんな場合はどうするの？ 複数人の日程調整

候補日時を複数用意して、「○」をつけて返信してもらう。

「ご都合のいい日時に丸をつけてご返信ください。

　①○月○日 午後１時～３時

　②○月○日 午後２時～５時

　打ち合わせ時間は２時間程度を予定しております」

➡メンバーから返信が来たら、日時の決定メールを送る。

テンプレート ❸

お詫び

CASE 名前を間違えた

さきほどのメールにて、中嶋様のお名前を誤って記載してしまいました。
ご不快な内容をお送りしてしまい、大変申し訳ございません。 **1**
どうかお許しください。
今後とも何卒よろしくお願い申し上げます。

> **1** 「すみません」は軽すぎるため、「申し訳ございません」にする

合わせて読みたい！ ➡ 70ページ・196ページ・202ページへ

CASE 他部署の要望に応えられない

1 あらためて○○部長に確認しました。 **2**
広報部で資料作成を担当できるかどうか、
ですが、○○○○○○○といった理由から、
どうしても引き受けられない状況です。
○○さんのご要望に応えられず申し訳ございません。 **3**
何卒ご了承ください。

> **1** 要望に応えようとした前向きさを示す
> **2** 理由を伝える
> **3** 要望に応えられないことを詫びる

合わせて読みたい！ ➡ 40ページ・108ページへ

CASE 添付ファイルの間違い

さきほどお送りした添付ファイルについて、
内容に誤りがございました。
誠に申し訳ございませんが、破棄していただけますでしょうか。
1 正しい内容のファイルを本メールに添付いたします。

> 1 正しいファイルを添付する

合わせて読みたい！ ➡ 54ページ・194ページへ

そのほかのお詫び表現

「深く反省しております」
「心よりお詫びいたします」
「どうかご容赦ください」
「お詫びの言葉もございません」

お詫びするときに人のせいにしない

× **NG** 「経理資料がわかりにくく、」
○ **OK** 「私の説明不足により、」

× **NG** 「○○の不注意で、」
○ **OK** 「私の確認ミスにより、」

× **NG** 「時間がなかったため、」
○ **OK** 「私の準備不足により、」

テンプレート 4

返事をする

CASE 打ち合わせ日時決定の連絡が来たとき（社外）

打ち合わせの日程、承知いたしました。
それでは、6月1日（月）午後1時に弊社でお待ちしております。 **1**
ご足労いただき恐縮ですが、何卒よろしくお願いいたします。

> **1** 確認のため、決定事項（日時、場所）を
> 再度記載する

CASE すぐに返事ができない場合

お問い合わせありがとうございます。
○○○につきましては、営業部に確認いたしますので、
1 7月20日（火）までお待ちいただけますでしょうか。
すぐに対応ができず、申し訳ありません。
引き続きよろしくお願いいたします。

> **1** いつ返事ができるのか
> 日時を記載する

合わせて読みたい！ ➡ 45ページへ

CASE 資料を送ってもらったとき

1 確認いたしました。こちらにて承ります。
お忙しい中、ありがとうございました。

> **1** 内容に問題がないこと、
> 確認したことを伝える

合わせて読みたい！ ➡ 36ページへ

CASE お知らせメールが届いたとき

1 このたびは貴重なお知らせをありがとうございます。
社内でも検討し、○○させていただく場合は、
あらためてご連絡いたします。

> 1 関係性によっては、「お知らせメール」で
> あってもお礼の連絡をする

CASE 誘いを断る

交流会へのお誘い、ありがとうございます。
1 あいにくその日は先約があり、参加できません。
2 大変残念です。

> 1 断る理由を
> 明記する

> 2 「またお誘いください」など、
> 相手に不快な思いをさせないように配慮する

プラスの表現

- 間を置かずに返信が来たとき
  「さっそくのご返信、ありがとうございます」
- 相手が休暇中だとわかったとき
  「ご休暇中にもかかわらず、ご返信ありがとうございます」
- 出張先からメールが来たとき
  「ご出張先からのご連絡、ありがとうございます」

合わせて読みたい！ NG返信

- ミスを指摘するとき、「CC」は使わない➡58ページへ
- 相手の質問に答えていない➡60ページへ
- 表現が軽すぎて、失礼➡74ページへ

テンプレート ❺
お礼

CASE 返答をいただいたことへのお礼

ご返答くださり、ありがとうございます。
変更内容、承知しました。**1**

> **1** 「了解しました」は
> 使わない

合わせて読みたい！ → 50ページへ

細やかに教えていただき、大変助かりました。

CASE 社内の懇親会参加者へのお礼

昨日は懇親会に参加していただき、ありがとうございました。**1**
皆さんとお話しすることができ、学びのある時間となりました。
引き続きよろしくお願いします。

> **1** 「すみません」は使わない

合わせて読みたい！ → 71ページへ

CASE 新人研修のお礼（社内）

1 本日はセミナー受講の機会をいただき、ありがとうございます。
学んだことは、さっそく明日からの仕事に取り入れたいと思います。
今後もご指導よろしくお願いします。

> **1** 「セミナー、おつかれさまでした」は
> 失礼になる

合わせて読みたい！ → 69ページ・102ページへ

テンプレート ❻
あいさつ

CASE 入社のあいさつ（社内）

件名：【入社のごあいさつ】中山京子 **1**

広報部各位

はじめまして。
本日付で広報部に配属になりました中山京子です。

2
北山大学文学部を3月に卒業しました。埼玉県出身です。
小学校低学年から続けている書道には自信があります。

1日でも早く貢献できるよう、精一杯頑張ります。**3**
これからどうぞよろしくお願いします。

中山京子

1 フルネームを 件名に入れる	**2** 簡単な 自己紹介をする	**3** ポジティブな言葉で 締めくくる

合わせて読みたい！ ➡97ページ・107ページへ

困ったら開くページ INDEX

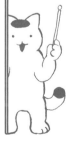

監修（敬語表現・ビジネスマナー）

大野博美（デライト・マインド）

STAFF

- 装丁／山之口正和＋沢田幸平（OKIKATA）
- 本文デザイン・制作／斎藤 充（クロロス）
- イラスト／伊藤ハムスター
- 校正／玄冬書林
- 編集／中島元子

参考文献

- 『うまい！と言わせる文章の裏ワザ』石黒圭／河出書房新社
- 『きちんと！伝わる！ 文章の書き方 身につく便利帖』澤野弘（監修）／学研パブリッシング
- 『相手に伝わる！仕事の話し方大全』山野秀子（監修）／ナツメ社
- 『入社１年目 ビジネス文書の教科書』西出ひろ子／プレジデント社
- 『そのまま使える！ ビジネスメール文例大全』平野友朗（監修）／ナツメ社
- 『大人の語彙力ノート』齋藤孝／SBクリエイティブ
- 『できる！ビジネス文書のつくり方が身につく本：仕事は文書で決まる！』永山嘉昭／高橋書店
- 『これ１冊でOK！社会人のための基本のビジネスマナー』浅井真紀子（監修）／ナツメ社

藤吉 豊（ふじよし ゆたか）

株式会社文道代表取締役。有志4名による編集ユニット「クロロス」のメンバー。日本映画ペンクラブ会員。編集プロダクションにて、企業PR誌や一般誌、書籍の編集・ライティングに従事。編集プロダクション退社後、出版社にて自動車専門誌2誌の編集長を歴任。2001年からフリーランスとなり、雑誌、PR誌の制作や、ビジネス書籍の企画・執筆・編集に携わる。文化人、経営者、アスリート、タレントなど、インタビュー実績は2000人以上。2006年以降は、ビジネス書籍の編集協力に注力し、200冊以上の書籍のライティングに関わる。大学生や社会人に対して、執筆指導なども行っている。

小川 真理子（おがわ まりこ）

株式会社文道取締役。有志4名による編集ユニット「クロロス」のメンバー。日本映画ペンクラブ会員。日本女子大学文学部（現人間社会学部）教育学科卒業。編集プロダクションにて、雑誌や企業PR誌、書籍の編集・ライティングに従事。その後、フリーランスとして、企業のウェブサイトのコンテンツ制作にも関わる。現在は主にビジネス書、実用書などの編集・執筆に携わる一方で、約30年のライター経験の中で培ってきたスキルや心構えを伝えたいと思い、ライティング講座にも注力。学生や社会人、ライター志望の方々に対して、執筆指導を行っている。自ら企画編集執筆した本に『親が倒れたときに読む本』（枻出版社）がある。猫を2匹飼っている。

【著書】
■『「文章術のベストセラー100冊」のポイントを1冊にまとめてみた。』
　藤吉 豊・小川 真理子／日経BP
■『「話し方のベストセラー100冊」のポイントを1冊にまとめてみた。』
　藤吉 豊・小川 真理子／日経BP
■『「勉強法のベストセラー100冊」のポイントを1冊にまとめてみた。』
　藤吉 豊・小川 真理子／日経BP
■『文章力が、最強の武器である。』藤吉 豊／SBクリエイティブ

文道公式ホームページ
https://bundo.net

Facebook
https://www.facebook.com/BUNDO.inc

YouTube「文道TV」
https://www.youtube.com/channel/UC4Tp1uYoit3pHXipRp_78Ng

社会人になったらすぐに読む文章術の本

2023年2月25日　初版発行

著者／藤吉 豊・小川 真理子

発行者／山下 直久

発行／株式会社KADOKAWA
〒102-8177　東京都千代田区富士見2-13-3
電話　0570-002-301(ナビダイヤル)

印刷・製本／凸版印刷株式会社

●お問い合わせ
https://www.kadokawa.co.jp/ (「お問い合わせ」へお進みください)
※内容によっては、お答えできない場合があります。
※サポートは日本国内のみとさせていただきます。
※Japanese text only

定価はカバーに表示してあります。

©Yutaka Fujiyoshi,Mariko Ogawa 2023　Printed in Japan
ISBN 978-4-04-605786-0　C0030